Ilya Zbarski
Samuel Hutchinson

LENIN UND ANDERE LEICHEN

**Mein Leben im Schatten
des Mausoleums**

Aus dem Französischen
von Bodo Schulze

Klett-Cotta

Klett-Cotta
Die Originalausgabe erschien unter dem Titel
„A l'ombre du Mausolée.
Une dynastie d'embaumeurs"
im Verlag Solin Actes Sud, Arles
© 1997 by Actes Sud für die vorliegende Ausgabe
© by Agence Moscoop für die Fotografien
Für die deutsche Ausgabe
© J. G. Cotta'sche Buchhandlung Nachfolger GmbH, gegr. 1659,
Stuttgart 1999
Fotomechanische Wiedergabe
nur mit Genehmigung des Verlages
Printed in Germany
Schutzumschlag: Klett-Cotta-Design
unter Verwendung eines Fotos der Agence Moscoop
Gesetzt aus der 10.5 Punkt Rockwell Light
von Fotosatz Janß, Pfungstadt
Auf säure- und holzfreiem Werkdruckpapier gedruckt
und gebunden
von Clausen & Bosse, Leck

Die Deutsche Bibliothek – CIP-Einheitsaufnahme
Zbarski, Ilya:
Lenin und andere Leichen : mein Leben im Schatten des
Mausoleums / Ilya Zbarski ; Samuel Hutchinson. Aus dem Franz. von
Bodo Schulze. – Stuttgart : Klett-Cotta, 1999
Einheitssacht.: A l'ombre du Mausolée ⟨dt.⟩
ISBN 3-608-91960-0

INHALT

1. Lenins Krankheit und Tod
Arteriosklerose oder Syphilis? 7

2. Vorgeschichte des Mausoleums
Tiefkühlen oder „einbalsamieren"? 19

3. Mein Vater
Ein ehrgeiziger Wissenschaftler 36

4. Meine Schuljahre
Eine privilegierte Familie 59

5. Meine Universitätsjahre
„Gesellschaftlich wertvolle und gesellschaftlich minderwertige Studenten" 71

6. Meine erste Zeit am Mausoleum
„Der Mann schläft nur" 81

7. Die Jahre des Terrors
„Das Zbarski-Bakterizid" 95

8. Die Kriegsjahre
Transport des Leichnams nach Sibirien 116

9. Berlin 1945
„Oberst Deborin war schon hier..." 126

10. Die Diktatur der Partei in der Wissenschaft
„Ein Rasputin der Wissenschaften" 141

11. Die Verhaftung meines Vaters
  Jagd auf die „Kosmopoliten"! 159

12. Das Mausoleumslaboratorium wird im Ausland tätig
  „Die Multinationale der Einbalsamierer" 174

13. Die Einbalsamierer der Mafia 194

Anmerkungen 207

Nachweise 211

1. Lenins Krankheit und Tod

Arteriosklerose oder Syphilis?

Erheblich abgemagert, mit zerrütteten Gesichtszügen und irrem Blick – so tritt uns Lenin auf einem Foto entgegen, das seine Schwester Maria im August 1923 aufnahm, fünf Monate vor seinem Tod. Das Bild zeugt vom schrecklichen Kampf des bolschewistischen Führers gegen seine Krankheit, eine allgemeine Arteriosklerose, die knapp zwei Jahre zuvor begann.

Lenin wird auf einem Fürstensitz in Gorki gepflegt, den ihm die sowjetische Regierung zur Verfügung gestellt hat. Er hat praktisch die Sprache verloren. Sein rechtes Bein und sein rechter Arm sind völlig gelähmt. Tag und Nacht wird er von alptraumhaften Visionen heimgesucht. Er gibt Schreie von sich, begleitet von heftigen Armbewegungen, bricht ohne Anlaß in Gelächter aus und reagiert grundlos gereizt. Die fünf Ärzte, die die Partei eigens aus Deutschland kommen ließ, hält er für seine Feinde. Professor Förster, dem Hausarzt der reichen Industriellenfamilie Krupp aus dem Rheinland, droht er gar mit der Faust.

Begonnen haben soll die Krankheit im Jahr 1918 – was unter Medizinern aber immer noch umstritten ist. Damals wütete der Bürgerkrieg. Bei den Wahlen zur Konstituierenden Versammlung im Dezember 1917 hatten die Sozialrevolutionäre 48,5 Prozent der 40 Millionen abgegebenen Stimmen erhalten und die Bolschewiki (24,5 Prozent) besiegt. Lenin sieht in der gewaltsamen Auflösung des Parlaments das einzige Mittel, um die Errungenschaften der Oktoberrevolution zu retten. Diese Entscheidung bringt das Pulverfaß zum Explodieren. Die Weißgardisten und die Interventionstruppen der Entente, nationale Aufstände und plündernde Banden stürzen das Land ins Chaos. Im Sommer 1918 scheint die Lage der Bolschewiki aussichtslos. Unaufhörlich schrumpft das von ihnen kontrollierte Gebiet. Als die Sozialrevolutionäre (SR) im Juli merken, daß sich die Massen von den Bolschewiki zu lösen beginnen, gehen sie in der Hauptstadt zum offenen Widerstand über. Doch die lettischen Schützen, die zur Verstärkung der Regierungstruppen herbeigerufen werden, können den Aufstand niederwerfen.

30. August 1918. Lenin hat gerade seine Rede in der Fabrik Michelson beendet, als die Sozialrevolutionärin Fanny Kaplan ihre Browning auf den bolschewistischen Führer abfeuert. Zwei mit Curare vergiftete Kugeln erreichen ihr Ziel. Die eine zertrümmert beim Eintritt in den Brustkorb das Schulterblatt, durchschlägt den oberen Teil der linken Lunge und bleibt in der Nähe des Schlüsselbeins stecken. Andere lebenswichtige Organe werden nicht in Mitleidenschaft gezogen, und Lenin kommt knapp mit dem Leben davon. Die Ärzte, die den Leichnam im Januar 1924 öffnen, schließen nicht aus, daß diese Kugel für die Wucherung verantwortlich ist, aus der sich drei Jahre später Lenins Arteriosklerose entwickelte.[1]

Februar 1921. Die Rote Armee schlägt den Matrosenaufstand von Kronstadt blutig nieder. Auf dem Land führt die gewaltsame Beschlagnahme der Ernteerträge im Zuge des Kriegskommunismus zu zahllosen Bauernaufständen. In Tambow werden auf Lenins Befehl 100 000 hungernde Bauern niedergemetzelt, weil sie sich weigern, ihr Getreide abzuliefern. Hunger und Aufstände überziehen das Land. Die Revolution droht zu scheitern.

Am 15. März verkündet Lenin auf dem 10. Parteitag der Kommunistischen Partei eine entscheidende politische Wende: den Beginn der „Neuen Ökonomischen Politik". Die NÖP bedeutet das Ende der Beschlagnahmungen, die Einführung einer Naturalsteuer und die freie Verfügung der Bauern über ihr Mehrprodukt, eine Lockerung, die den Handel erneut in Schwung bringt.

Damals spürt Lenin, erschöpft von den Anstrengungen seit den Tagen der Revolution, die ersten Krankheitssymptome: Er leidet an Schlaflosigkeit und heftigen Kopfschmerzen, die sich gegen Ende des Jahres 1921 zunehmend verschlimmern. Auf ärztliches Anraten beschließt er, zur Erholung nach Gorki zu fahren. Doch schon nach einigen Tagen nimmt er die Regierungsgeschäfte wieder auf. Am 22. Mai 1922 erleidet er seinen ersten Schlaganfall: Er hat Sprechschwierigkeiten, verliert vorübergehend das Bewußtsein, sein rechter Arm und sein rechtes Bein zeigen Lähmungserscheinungen. Lenin bleibt dem politischen Leben bis Oktober fern. Trotz seiner Artikulationsprobleme ist er weiterhin im Vollbesitz seiner geistigen Kräfte. Ende August kehrt er zurück, und im Oktober führt er den Vorsitz in der Sovnarkom, dem Rat der Volkskommissare. Zeitgenossen berichten, daß er sich sehr verändert hatte, hinfällig wirkte und daß seine Rede weniger lebhaft war, weniger Biß besaß. Das war sein letzter Auftritt in der Öffentlichkeit.[2]

Im Dezember 1922 wird er täglich von Anfällen heimgesucht. Diesmal weiß er, daß es mit ihm zu Ende geht. Er muß sich endgültig aus dem politischen Leben zurückziehen, und er widmet seine letzten Kräfte der Aufgabe, seine Mitstreiter vor den Gefahren zu warnen, die dem Land drohen.

Vor allem fürchtet er den erbitterten Kampf um seine Nachfolge, der sich zwischen Stalin und Trotzki bereits anbahnt. Sein Urteil über die beiden Kontrahenten legt er im Dezember 1922 in einem *Brief an den Parteitag** nieder, der als *Lenins Testament* bekannt wurde. Stalin habe, wie Lenin schreibt, „eine ungeheure Machtfülle in seiner Hand vereinigt. Ich bin nicht ganz sicher, daß er es stets versteht, diese Macht mit genügender Vorsicht anzuwenden." Trotzki wiederum, dessen „außergewöhnliche Fähigkeiten" Lenin hervorhebt, „zeichnet sich ebenso aus durch ein zu weitgehendes Selbstvertrauen und durch eine Neigung, sich zu sehr durch die administrative Seite der Dinge anziehen zu lassen".³ Da Lenin nichts so sehr fürchtet wie eine innerparteiliche Spaltung, hütet er sich, offiziell einen Nachfolger zu ernennen.

Einige Tage später fügt er dem „Testament" seine letzte schriftliche Äußerung hinzu, die Notiz vom 4. Januar 1923. Anlaß war eine Auseinandersetzung zwischen seiner Ehefrau Nadeshda Krupskaja und Stalin, in deren Verlauf letzterer besondere Grobheit an den Tag legte. „Stalin ist zu schroff, und dieser Fehler, der durchaus erträglich in den Beziehungen von uns Kommunisten untereinander ist, ist bei dem Inhaber des Amtes eines Generalsekretärs untragbar. Ich schlage daher vor, daß die Genossen einen Weg finden, Stalin aus dieser Stellung zu entfernen (...)".⁴

Aber da war es schon zu spät. Am 24. Dezember hatte Stalin vorsichtshalber Lenins Ärzte, die Professoren Koshewnikow, Kramer und Ossipow, zu sich gebeten und angeordnet, jeden Besuch abzuweisen und jeden Kontakt des Kranken zur Außenwelt zu unterbinden. Allein das Recht, einem Stenographen täglich fünf bis zehn Minuten seine Gedanken zu diktieren, räumte er Lenin noch ein.⁵

Lenins Äußerungen werden unzusammenhängend. Er durchlebt Momente extremer Erregtheit. Von Gedächtnisausfällen heimgesucht, betreibt er Sprechübungen unter Anleitung seiner Frau, der einzigen Person, deren Anwesenheit er noch erträgt. Unbeschreiblich sein Wille, wieder gesund zu werden. Im August gelingt es ihm, bis zu 350 Worte zu wiederholen. „Eine Verengung der Blutgefäße bewirkte eine mangelhafte Blutversorgung des Gehirns, dessen linke Hälfte, in der die Gedächtnis- und Sprachfunktionen angesiedelt sind, teilweise zerstört wurde", diagnostizierten die Ärzte nach der Autopsie.

Ein erneuter Anfall am 10. Januar beraubt Lenin endgültig seines Sprechvermögens. Eingemauert in sich selbst, muß er den Machtkampf zwischen Stalin und Trotzki ohnmächtig

Lenin in Gorki, August 1923.

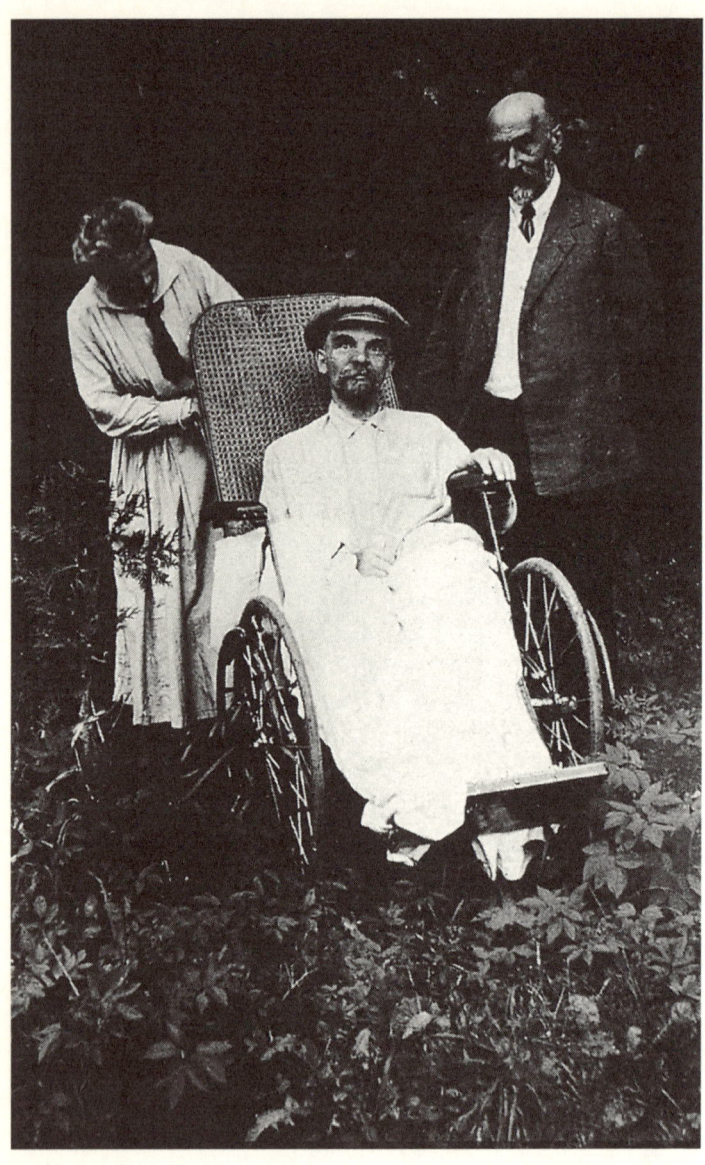

Lenin, seine Schwester Maria und Professor Förster bei einem Spaziergang im Park von Gorki, ein ehemals fürstliches Anwesen, das die sowjetische Regierung dem Führer der Bolschewiki zur Verfügung stellte.

mitansehen. Den Hintergrund dieses Kampfs bilden die entscheidenden Probleme des Landes: die Wirtschaftspolitik und der rasch voranschreitende Verlust innerparteilicher Demokratie.

Durch die NÖP öffnete sich die Preisschere zwischen industriellen und landwirtschaftlichen Erzeugnissen immer weiter; das Proletariat verarmte. Die Preise für Industrieerzeugnisse stiegen bis 1923 auf 190–200 Prozent des Vorkriegsniveaus, die Preise für Agrarprodukte aber nur um 50 Prozent. Um die Inflation im Industriesektor zu bremsen, beschließt die Regierung, die Ausgaben zu drosseln, was sich in Unternehmenskonzentration und wachsender Arbeitslosigkeit niederschlägt. Die Zahl der Arbeitslosen schnellt in weniger als einem Jahr von 500 000 auf 1 300 000, die Löhne stagnieren, und die Preise steigen weiter. Trotzki empört sich gegen diese „Aufopferung der Arbeiterklasse" und den Aufstieg der „NÖP-Leute", einer Klasse von Neureichen, die in den Jahren der NÖP ein Vermögen anhäuften. Nur eine radikale Wirtschaftsreform auf der Basis einer raschen Entwicklung der Industrie, eine allgemeine Wirtschaftsplanung und eine Militarisierung der Arbeit könnten ein rasches Wirtschaftswachstum bewirken und immer krassere Einkommensunterschiede vermeiden.

Die Partei-Rechte in Gestalt der Troika Stalin, Sinowjew und Kamenjew tritt für eine Fortführung der NÖP ein. Nach ihrem Dafürhalten ist allein der NÖP die wirtschaftliche Wiederbelebung des Landes zu verdanken: Die landwirtschaftliche Produktion hat nahezu den Vorkriegsstand erreicht, die Industrieproduktion läuft wieder an, und die Menschen kehren in die Städte zurück, die sie in den Jahren des Kriegskommunismus verlassen hatten. Nur durch einen Kompromiß mit der Bauernschaft könne man einen hinreichend großen Markt für landwirtschaftliche Erzeugnisse schaffen, um die Industrie mit Kapitalien zu versorgen. Da diese Ansicht in den höheren Parteigremien noch immer die Zustimmung der Mehrheit genießt, während Trotzki und seine Verbündeten sich in der Minderheit befinden, wird die einmal eingeschlagene Politik fortgeführt.

Am 18. Oktober fährt Lenin zum letztenmal nach Moskau. Sein Auto bewegt sich mit geringer Geschwindigkeit voran. Die Reifen hat man mit Sand gefüllt, um die Erschütterungen während der Reise abzufedern. Im Kreml angekommen, begibt sich Lenin in den Saal des Rats der Volkskommissare. Sein rechtes Bein ist gelähmt, mühsam bewegt er sich auf Krücken fort. Er durchsucht die Schubladen seines Schreibtischs. Vergeblich. Wie sein Biograph Walentinow-Wolski in *Die NÖP und die Krise der Partei nach Lenins Tod* berichtet, „wollte er Dokumente sicherstellen, die Stalin kompromittierten. Doch Stalin hatte Wind davon bekommen und es geschafft, sie verschwinden zu lassen. Lenin geriet darüber in solche Aufregung, daß sich sein gesundheitlicher Zustand schlagartig verschlechterte".

Sein Zustand wurde so besorgniserregend, daß man sich schon bald mit der Frage der Bestattung Lenins beschäftigen mußte. Wie Walentinow-Wolski schreibt, ergriff Stalin die Initiative und berief eine nichtöffentliche Versammlung des Politbüros ein, in deren Verlauf er als erster den Gedanken äußerte, Lenins Leichnam einzubalsamieren.[6] An dieser Geheimsitzung Ende Oktober 1923 nahmen sechs der elf Politbüromitglieder teil: Trotzki, Bucharin, Kamenjew, Kalinin, Stalin und Rykow. Weder eine Resolution noch ein Protokoll ist überliefert. Eines jedoch ist nach Bucharins Bekunden sicher: Die Zusammenkunft fand wenige Tage nach Lenins letztem Besuch im Kreml am 18. und 19. Oktober 1923 statt.

„Genossen", soll Stalin bei dieser Gelegenheit erklärt haben, „der Gesundheitszustand von Wladimir Iljitsch hat sich in letzter Zeit so sehr verschlechtert, daß sein baldiges Ableben zu befürchten ist. Wir müssen darüber nachdenken, was wir in diesem Augenblick des großen Kummers unternehmen werden. Soweit ich weiß, beschäftigt diese Frage vor allem unsere Genossen in der Provinz. Diese Genossen meinen, daß Lenin als Russe nicht eingeäschert werden kann. Manche sind der Ansicht, daß die moderne Wissenschaft in der Lage ist, seinen Leichnam dauerhaft zu konservieren, lang genug jedenfalls, bis sich unser Bewußtsein an den Gedanken gewöhnen kann, daß er nicht mehr unter uns weilt."

Trotzki erwiderte daraufhin empört: „Wenn ich den Genossen Stalin recht verstanden habe, schlägt er vor, die Reliquien des hl. Sergius von Radonesch und des hl. Seraphim von Sarow durch die Reliquien von Wladimir Iljitsch zu ersetzen. Das versteht er doch wohl, seinen langen und verschwommenen Ausführungen nach zu urteilen, unter einem ‚Russen'. Ich persönlich wüßte zu gern, wer diese ‚Genossen aus der Provinz' sind, die da annehmen, die Wissenschaft sei imstande, den Leichnam von Wladimir Iljitsch zu konservieren. Ihnen möchte ich antworten, daß sie von der marxistischen Dialektik rein gar nichts begriffen haben."

„Trotzki hat recht", setzte Bucharin nach. „Wenn wir die sterblichen Überreste Lenins zur Reliquie machen, beleidigen wir sein Andenken. Nein wirklich, wir können diese Möglichkeit vernünftigerweise nicht in Betracht ziehen." Kamenjew schlug sich auf die Seite von Trotzki und Bucharin. „Es gibt andere, ebenso großartige Mittel und Wege, seinen Namen zu ehren. Es wäre zum Beispiel möglich, Petrograd in Leningrad umzubenennen, um an Lenins Bedeutung für den Sieg der Oktoberrevolution zu erinnern. Wir könnten auch seine Werke in millionenfacher Auflage veröffentlichen. Aber die Idee der Einbalsamierung hat für mich einen merkwürdigen Beigeschmack von ‚Pfaffentum', das Lenin selbst in seinen philosophischen Schriften angeprangert hat." Die Empörung von Trotzki, Bucharin und Kamenjew beeindruckte Stalin kaum. Auch hütete er sich vorsichtshalber, der Aufforderung Trotzkis nachzukommen, die Namen dieser „Genossen aus der Provinz" zu nennen, denen an der Einbalsamierung von Lenin angeblich so viel lag. Und dies aus dem einfachen Grund, weil die Idee von ihm, Stalin selbst, stammte. Er erblickte darin ein geeignetes Mittel, die religiösen Gefühle der unwissenden Massen auszunutzen, um den Fortbestand des Regimes zu sichern. Er wußte, wie Bucharin berichtet, daß er zu gegebener Zeit mit der Unterstützung der anderen Mitglieder des Politbüros und der Mehrheit des Parteiapparats rechnen konnte.

Trotzki hatte sich in der Frage des wirtschaftspolitischen Richtungswechsels nicht durchsetzen können; nun versuchte er abermals, Stalin anzugreifen, und er wählte dafür das Terrain der Politik im engeren Sinn. Am 8. Oktober prangerte er öffentlich das völlige Fehlen innerparteilicher Demokratie an. Im besonderen empörte er sich gegen den Antrag, den Dzershinski, der Chef der politischen Polizei, im Juni vor dem KPdSU-Unterausschuß für innere Angelegenheiten vorgebracht hatte: Jedes Parteimitglied habe die GPU umgehend von etwaigen Aktivitäten innerparteilicher Oppositionsgruppen oder Fraktionen in Kenntnis zu setzen. Dieser Vorschlag lief faktisch darauf hinaus, jedes Parteimitglied als Polizeispitzel zu verpflichten.

Am 15. Oktober forderte eine Gruppe von 46 Parteimitgliedern um Trotzki in einer Erklärung an das Politbüro die Einberufung einer Parteiversammlung, um die herrschende Diktatur innerhalb der Partei und die Wirtschaftspolitik mit ihren verheerenden Folgen zu erörtern.

Am 27. Oktober kann Stalin auf einer Vollversammlung des Zentralkomitees die Verurteilung Trotzkis und seiner 46 Mitstreiter wegen zersetzender, die Einheit der Partei gefährdender Aktivitäten erreichen – ein entscheidender Schritt auf dem Weg zur Alleinherrschaft, die Stalin dann seit 1929 ausübte.

Knapp vier Monate später, am 20. Januar 1924, scheint Lenin seinen Ärzten mitteilen zu wollen, er habe das Au-

Lenin auf dem Totenbett in Gorki am 22. Januar 1924.

genlicht verloren. Professor Averbach, ein renommierter Augenspezialist, kann jedoch keine krankhaften Veränderungen der Augen feststellen. Am folgenden Tag um 18 Uhr wird Lenin von heftigen Krämpfen heimgesucht. Sein Atem geht nur noch stoßweise, sein Puls steigt bis auf 130 in der Minute. Um 18.30 Uhr verlangsamt sich sein Herzschlag wieder. Der Zustand des Patienten gleicht dem eines Epileptikers in der Endphase eines Anfalls. Die Körpertemperatur steigt auf 42,3°. Um 18.50 Uhr erleidet er einen Schlaganfall. Sein Gesicht läuft rot an. Einen Moment lang scheint Lenin sich aufrichten zu wollen. Dann setzt die Atmung plötzlich aus. Sein Kopf fällt zurück und nimmt Totenblässe an. „Tod durch Herz-Kreislauf-Stillstand infolge einer arteriosklerosebedingten Hirnblutung", stellen die Ärzte bei der Autopsie fest.

Noch lange Zeit nach Lenins Tod kursierte das Gerücht, seine fortschreitende Lähmung sei eine Folge von Syphilis gewesen. In einem Anhang des von den betreffenden Ärzten unterzeichneten Autopsieberichts wird diese Hypothese ausdrücklich verworfen. „Weder die Laboranalyse der Gehirn-Rückenmarksflüssigkeit und des Blutes noch die Autopsie", schreiben sie, „ergab Hinweise auf Syphilis."[7] Die emigrierten russischen Schriftsteller Bunin und Schulgin behaupteten das Gegenteil. Tatsächlich gleicht die Behandlung des Kranken mit Jod-, Quecksilber-, Arsen- und Wismutpräparaten auffällig der damals üblichen Medikation der „Lustseuche". Die Ansichten zu dieser heiklen Frage sind politisch so überfrachtet, daß ein eindeutiges Urteil noch heute unmöglich ist.

2. Vorgeschichte des Mausoleums

Tiefkühlen oder „einbalsamieren"?

„Genossen und Genossinnen, Arbeiter und Arbeiterinnen, Bauern und Bäuerinnen. Ich möchte eine große Bitte an euch richten. Laßt es nicht zu, daß sich euer Leid in eine äußerliche Anbetung der Persönlichkeit von Wladimir Iljitsch verwandelt. Errichtet in seinem Namen keine Paläste oder Denkmäler. All diesen Dingen maß er in seinem Leben wenig Bedeutung bei. Er empfand sie sogar als peinlich. Ihr wißt, welches Elend und welches Chaos in diesem Land herrschen. Wenn ihr das Andenken an Wladimir Iljitsch in Ehren halten wollt, dann baut Kinderkrippen, Kindergärten, Häuser, Schulen und Krankenhäuser. Besser noch: Lebt in Übereinstimmung mit seinen Lehren."[1]

Der in der *Prawda* vom 29. Januar erschienene Aufruf der Lenin-Witwe Nadeshda Krupskaja fand kein Echo. Denn unmittelbar nach dem Ableben des bolschewistischen Führers wurde der „Lenin-Kult" aus der Taufe gehoben. Die Partei organisierte grandiose Trauerfeierlichkeiten. Petrograd wurde in Leningrad umbenannt. Die Idee, den Leichnam dauerhaft zu konservieren, wie Stalin während der geheimen Versammlung des Politbüros gegen Ende Oktober 1923 vorgeschlagen hatte, wurde ernsthaft diskutiert.

Die Frage wurde rasch zur Staatsangelegenheit erhoben. Glaubt man den Archiven des *Russischen Zentrums für die Archivierung und das Studium von Dokumenten der Zeitgeschichte* war der geistige Urheber des Projekts der Chef der politischen Polizei, Felix Dzershinski. „Könige", erklärte er am Abend des 23. Januar vor dem Organisationsausschuß der Trauerfeierlichkeiten, „werden einbalsamiert, weil sie Könige sind. Was mich betrifft, so besteht die Hauptfrage nicht darin, ob man den Leichnam von Wladimir

Iljitsch auf Dauer erhalten soll, sondern wie dies zu geschehen hat."[2]

Am 26. Januar 1924 veröffentlicht die *Prawda* folgende Resolution: „In Übereinstimmung mit dem ausdrücklichen Wunsch zahlreicher Arbeiter und Bauern hat das Präsidium des Zentralexekutivkomitees der UdSSR beschlossen, den Leichnam von Lenin für lange Zeit zu erhalten."[3] Die Archive des Lenin-Instituts belegen jedoch, daß der Beschluß der Einbalsamierung noch am Abend, an dem Lenin starb, vom Politbüro gefaßt wurde; das heißt, noch bevor die „Arbeiter" die Möglichkeit hatten, ihrem angeblichen „Wunsch" Ausdruck zu verleihen. Diese Episode veranschaulicht einmal mehr, was die Bolschewiki unter „Diktatur des Proletariats" verstanden: Man behauptet, die Basis habe einen Vorschlag unterbreitet, während die Zentralinstanzen bereits entschieden haben.

Eine weitere Episode sollte die Praktiken der Sowjetmacht dauerhaft prägen: die protokollarische Reihenfolge

Die sterblichen Überreste von Lenin liegen in der Säulenhalle von Moskau aufgebahrt. In der Mitte (mit Spitzbart): GPU-Chef Felix Dzershinski.

In endlosen Warteschlangen standen die Menschen an, um dem Gründervater der Sowjetunion, dessen sterbliche Überreste in der Säulenhalle von Moskau aufgebahrt waren, die Ehre zu erweisen.

der geladenen Gäste bei den Trauerfeierlichkeiten für einen Staatschef. Seit Lenins Einbalsamierung läßt sich aus der Reihenfolge der Gäste, aus ihrer An- oder Abwesenheit ablesen, wer sich auf dem Weg zur Macht an aussichtsreicher Stelle befindet. Nach dem vom Politbüro ausgearbeiteten Protokoll stand es am 27. Januar 1924 zuallererst Stalin und Sinowjew zu, den Sarg aus der Säulenhalle, in der Lenin aufgebahrt war, auf den Roten Platz zu tragen. Trotzki hielt sich zu dieser Zeit bezeichnenderweise am Schwarzen Meer auf, wo er sich anscheinend von einer geheimnisvollen Krankheit erholte. Da die Trauerfeierlichkeiten ursprünglich am Samstag, dem 26. Januar, stattfinden sollten[4], hätte Trotzki nicht genügend Zeit gehabt, nach Moskau zurückzukehren, um daran teilzunehmen. Doch auch als das Ereignis schließlich um einen Tag verschoben wurde[5], zog Stalin es vor, Trotzki nicht davon in Kenntnis zu setzen, weil ihm die Anwesenheit seines Gegenspielers in diesem hochsymbolischen Augenblick unerwünscht war.

Die Trauerfeierlichkeiten auf dem Roten Platz am 27. Januar 1924.

Die Führer der Partei tragen Lenins Sarg ins provisorische Mausoleum.

Januar 1924: Auf dem Roten Platz wird aus Holz das erste sogenannte „provisorische Mausoleum" errichtet.

Die Tafel mit dem Schriftzug „Lenin" über dem Eingang des provisorischen Mausoleums.

16 Uhr: Nachdem die Sowjetführer ihre Reden gehalten hatten, hoben Stalin, Sinowjew, Kamenjew, Molotow, Bucharin, Rudzutak, Tomski und Dzershinski den Sarg, der im Innern des Mausoleums stand, auf ihre Schultern. Drei Tage zuvor hatte der Kreml den Beschluß gefaßt, ein provisorisches Mausoleum zu errichten. Unmittelbar darauf erhielten einige Soldaten der Roten Armee den Befehl, bei Minustemperaturen von dreißig Grad eine Gruft in den gefrorenen Boden zu sprengen. Am 27. Januar war das „provisorische Mausoleum", wie die Historiker es nennen, fertiggestellt. Auf der Vorderseite der grauen Holzhütte wurde in Großbuchstaben der Name LENIN angebracht. Der Blick der Besucher, die das Mausoleum durch eine Tür im rechten Teil des Provisoriums betraten, fiel sogleich auf den Leichnam, dessen Sarg in einer drei Meter tiefen Grube stand.

Der Leichnam trug bereits Anzeichen der Verwesung. Die Farbe von Haut und Händen ging ins Graubraun über, der gesamte Leib war von pergamentfarbenen Totenflekken übersät, und die Lippen hatten sich bereits um einen Millimeter geöffnet. Diese Verschlechterung des Zustands der Leiche nötigte die sowjetischen Machthaber zu raschem Handeln. Ein Wettlauf mit der Zeit begann. Die „Dreier-Kommission", bestehend aus Molotow, Jenukidze und Krassin, veranlaßte fieberhafte Nachforschungen, um den Leichnam vor der Verwesung zu retten. Krassin, der auf diesem Gebiet keinerlei wissenschaftliche Kenntnisse besaß, schlug als erster eine Lösung vor: Man solle den Leichnam tiefkühlen. Sogleich ordnete die „Dreier-Kommission" eine Testserie zur Tiefkühlung von Leichen an und bestellte, noch bevor die ersten Ergebnisse auf dem Tisch lagen, im Ausland Tiefkühlapparate, um den Leichnam bei niedrigen Temperaturen zu konservieren.

Unterdessen erfuhr der Lehrstuhlinhaber für Anatomie an der Universität von Charkow, Professor Worobjow, aus der

Zeitung[6], daß die von der „Dreier-Kommission" zu Rate gezogenen Ärzte der Ansicht waren, es sei unmöglich, eine Leiche auf Dauer zu konservieren. „Das ist doch unglaublich, solche Dummheiten zu verbreiten", empörte sich Worobjow. „Ich habe in meinem anatomischen Theater Präparate, die über dreißig Jahre alt sind und dabei in bestem Zustand." Als Shuk, damals Direktor der Medizinischen Fakultät der Ukraine, von Worobjows Ansichten erfuhr, regte er an, die Moskauer Behörden davon in Kenntnis zu setzen. Worobjow konnte diesem Ansinnen kaum etwas abgewinnen. Er wußte, welcher Gefahr er sich im Fall eines Scheiterns aussetzte. Er lehnte das Angebot höflich ab. Um das gewünschte Ergebnis zu erzielen, so seine Begründung, wären optimale Arbeitsbedingungen erforderlich, und diese, davon war er überzeugt, würde man ihm nie gewähren. Shuk ging über dieses Argument hinweg. Er teilte das Ergebnis seiner Unterredung mit Worobjow dem ukrainischen Volkskommissar für Bildung, Zatonski, mit. Dieser wiederum benachrichtigte auf telegraphischem Wege sogleich Dzershinski, die Ukraine habe die Ehre – und das Privileg –, in der Person von Professor Worobjow einen Mann vorweisen zu können, der auf dem Gebiet der Einbalsamierung hervorragende Kenntnisse besitze. „Ich möchte hinzufügen", schloß Zatonski, „daß Worobjow den Erfolg der Konservierung nach seiner Methode garantiert." Als Worobjows Kollegen von Zatonskis Initiative erfuhren, versuchten sie mit allen Mitteln, Worobjow zu überreden, sein Fachwissen in den Dienst des Staates zu stellen. Worobjow aber wollte noch immer nicht so recht. Als er allerdings ein Telegramm von Dzershinski erhielt, mit der Aufforderung, unverzüglich nach Moskau zu kommen, gab es kein Zögern mehr.

Krassin ließ sich unterdessen nicht von seiner Idee der Tiefkühlung abbringen und suchte bei renommierten Ärzten und Biochemikern Rückhalt. Anfang Februar stattete er einem von ihnen, einem gewissen Boris Iljitsch Zbarski, einen Besuch ab. So kam mein Vater zum erstenmal mit der Debatte über die Konservierung von Lenins Leichnam in Berührung. Wie ist Krassin gerade auf meinen Vater gekommen? Hing es damit zusammen, daß mein Vater damals das Amt des stellvertretenden Direktors am Institut für Biochemie bekleidete? Kannten sich die beiden Männer schon vorher? Ich weiß es nicht. Die Antwort findet sich wahrscheinlich in dem Buch, das mein Vater nach dem Krieg über die Geschichte der Einbalsamierung Lenins verfaßte. Leider war es mir bisher verwehrt, Einblick in dieses Werk zu nehmen, das noch heute in den Archiven des Mausoleumslaboratoriums unter Verschluß gehalten wird. Ich kann mich also nur auf die Schriften* von Juri Lopuchin beziehen, der als Mitarbeiter des Laboratoriums Zugang zu dem Buch hatte.

Krassin trug meinem Vater den Plan vor, den Leichnam durch Tiefkühlung zu konservieren. Mein Vater wandte sogleich ein, daß dies den Prozeß der Selbstauflösung nicht verhindern könne und daß die Glashaube des Sarkophags unweigerlich beschlagen würde. „Ihre Einwände sind nicht stichhaltig", entgegnete Krassin. „Sobald die Leiche tiefgekühlt und das Gewebe durch Formalin ‚fixiert' ist, können die Enzyme, die eine Autolyse bewirken, ihr zerstörerisches Werk nicht mehr verrichten. Was den Sarkophag betrifft, werde ich mich schon darum kümmern. Durch eine Doppelverglasung kann die Niederschlagsbildung, die Sie befürchten, verhindert werden." Mein Vater ließ es dabei bewenden, um den empfindlichen bolschewistischen Führer nicht zu verärgern.

Dieses Gespräch, wie immer es auch verlaufen sein mag, wirkte auf meinen Vater wie eine Art Katalysator. „Fortan", schrieb er später, „ließ mich der Gedanke, an der Konservierung von Lenins Leichnam mitzuwirken, nicht mehr los. Dabei kam mir natürlich der Name Worobjow in den Sinn.

Die sterblichen Überreste Lenins im Grabgewölbe des provisorischen Mausoleums. Von links nach rechts: Der Leiter der Einbalsamierung Professor Worobjow, Belinki, Chef der Lenin-Garde, und der Sekretär von Felix Dzershinski, Benjamin Gerson.

Er war, wie ich dachte, der geeignetste Mann, um das Problem der dauerhaften Konservierung des Leichnams zu lösen."

In Moskau angekommen, begab sich Worobjow am 28. Februar 1924 auf den Roten Platz, wo er von Krassin und Professor Abrikossow erwartet wurde. Als renommierter Pathologe war Abrikossow nach Lenins Tod mit der Autopsie und der Konservierung der sterblichen Überreste beauftragt worden. Als Worobjow das provisorische Mausoleum betrat, fiel ihm sogleich auf, in welch schlechtem Zustand sich der Leichnam befand. Doch da er mit einem so einflußreichen Mann wie Abrikossow keinen Streit wünschte, sprach er ihm seine Anerkennung dafür aus, „daß er den Leichnam länger als einen Monat in einem solch befriedigenden Zustand zu erhalten vermochte".

Die Methode, die Abrikossow angewandt hatte, war in

Fototermin vor dem Mausoleum. Die politischen Führer und die Wissenschaftler, die mit der Einbalsamierung Lenins beauftragt waren. Von links nach rechts: auf Boden: A. Shuravlev, B. Gerson, B. Zbarski, A. Schabadasch, A. Beleki. Zweite Reihe (sitzend): B. Weissbrod, V. Rozanow, K. Jatzuta, V. Tonkow, N. Melnikow-Razwedenkow, V. Worobjow, F. Dzershinski, R. Peterson, A. Jenukidse, K. Woroschilow. Dritte Reihe: P. Karuzin, Ja. Zambowski.

der Tat recht primitiv. Er hatte lediglich 6 Liter einer Lösung aus Formalin, Alkohol und Glyzerin in die Aorta injiziert. Da ein Teil der Flüssigkeit aus der Leiche ausgetreten war, schien die begonnene Austrocknung durch nichts mehr aufzuhalten.

Am 5. März 1924 versammelte sich unter Dzershinskis Vorsitz der „Ausschuß für die Verewigung des Andenkens an Lenin". Auch diese Episode verriet zum erstenmal eine dauerhafte Grundhaltung der Sowjetmacht: ihr Mißtrauen gegenüber Wissenschaftlern und die Einmischung der kommunistischen Führer in rein wissenschaftliche Fragen. Diese Haltung trat noch weit ausgeprägter in den vierziger Jahren zutage, als Lyssenko mit seinen absurden Theorien seinen Siegeszug antrat (vgl. S. 141).

Auf der genannten Versammlung erörterten Wissenschaftler und Politiker das erfolgversprechendste Konservierungsverfahren. Krassin verbiß sich in seine Tiefkühl-Idee und wurde darin von Dzershinski und Molotow unterstützt. Worobjow erlaubte sich daraufhin die Bemerkung, daß „diese Methode die Gefahr birgt, den fortschreitenden Zersetzungsprozeß zu beschleunigen". Darüber hinaus bemerkte Worobjow bei dieser Gelegenheit, daß eine Tiefkühlung aufgrund der herrschenden Minustemperaturen von 30 Grad bereits bei der Überführung des Leichnams von Gorki nach Moskau stattgefunden habe, was das Auftreten beunruhigender Zeichen wie eine Schwarzfärbung der Nase, eingefallene Augenhöhlen und die Entstehung bräunlicher Flecken an der Stelle, an der der Schädel zur Entnahme des Gehirns aufgesägt worden war, jedoch nicht habe verhindern können. Das Gehirn wurde übrigens bereits intensiv erforscht: Ein Institut war damit beauftragt, die „Genialität" des Vaters der Revolution zu beweisen.

Für Worobjow bestand kein Zweifel: Die einzig gangbare Lösung war, den Leichnam in einer Flüssigkeit aus Glyzerin und Kaliumacetat aufzubewahren.[7] Doch die politischen Entscheidungsträger schenkten diesem Vorschlag wenig Beachtung. Molotow meinte, das Tiefkühlverfahren, das er für die „realistischste Lösung" hielt, solle von einem wissenschaftlichen Unterausschuß, bestehend aus dem Volkskommissar für Gesundheit, Semaschko, sowie den Professoren Weissbrod und Rosanow geprüft werden. „Semaschko", wandte Krassin aufgebracht ein, „versteht davon überhaupt nichts; nur der Verewigungs-Ausschuß ist zur Stellungnahme berechtigt." Daraufhin warf Saweljew, Chef des Laboratoriums der Roten Armee, eine dritte Methode in die Debatte: die Aufbewahrung des Leichnams in Stickstoff. Saweljew verfehlte nicht, sich den Zorn Krassins zuzuziehen. „Das ist unmöglich", schrie der bolschewistische Veteran empört, „weil Stickstoff das Auftreten anaerober Bakterien nicht verhindern wird. Eine Tiefkühlung bei minus 6 Grad würde den bakteriologischen Prozeß dagegen aufhalten." Daraufhin gab Worobjow zu bedenken, daß „die Enzyme auch bei niedrigen Temperaturen wirksam bleiben".

Nachdem man die Wissenschaftler gehört hatte, bat man sie, sich zurückziehen, denn allein die politischen Führer besaßen Entscheidungsbefugnis. Dzershinski ergriff als erster das Wort. Worobjows Vorschlag, den Leichnam in einer balsamischen Flüssigkeit aufzubewahren, lehnte er von vornherein ab, ohne sich auch nur die Mühe zu machen, seine Haltung zu begründen. Was die Tiefkühlung anbelangte, wünschte er, diese Lösung ausländischen Spezialisten zur Prüfung vorzulegen. „Wir werden doch nicht alle Welt bitten, ihre Meinung zu dieser Frage kundzutun", entgegnete Krassin aufgebracht. „Die Entscheidung liegt allein bei uns."[8] Jenukidze und Molotow schlossen sich vorsichtshalber Dzershinski an: Man solle ausländische Experten hinzuziehen.

Am 11. März gegen Abend saß G. V. Schorr, seines Zeichens Professor für Thanatologie in Leningrad, in seiner Wohnung beim Abendessen, als er ein dumpfes Klopfen an der Tür vernahm. „Wer ist da?", fragte der Professor verdutzt. „Machen Sie auf", antwortete eine Männerstimme durch die Tür, „das ist ein Befehl. Wir sind von der GPU." Professor Schorr erblaßte; er war überzeugt, man werde ihn verhaften. Er öffnete, und drei Männer in schwarzen Lederjacken betraten das Zimmer. Sie befahlen ihm, seine Sachen zu packen, und brachten ihn unverzüglich zu einem Sonderwaggon des Zugs Petrograd-Moskau. Während der Reise machte sich der Professor auf das Schlimmste gefaßt: erzwungene „Geständnisse" für Verbrechen, die er nicht begangen hatte, Deportation nach Sibirien oder kurzer Prozeß und Hinrichtung. Seine Gedanken überschlugen sich: Sicher hat ein Kollege oder ein Nachbar ihn, ein unschuldiges Opfer, denunziert.

Wie groß war seine Überraschung, als er bei seiner Ankunft erfuhr, Dzershinski höchstpersönlich werde ihn verhören. Er wußte nicht, daß ein aus Wissenschaftlern bestehender Unterausschuß vor einigen Tagen Interesse an seiner Konservierungsmethode bekundet hatte. Die anatomischen Präparate, die Schorr in hermetisch verschlossenen Behältern aufbewahrte, waren mit einer Lösung aus Glyzerin und Kaliumacetat durchtränkt und mit Formalin fixiert. Trotzdem mußte er die Erwartungen seiner Kollegen enttäuschen. Sein Verfahren, erklärte er, eigne sich lediglich für einzelne Körperteile wie Gliedmaßen oder Kopf. Die besondere Zurückhaltung von Professor Schorr erklärte sich zweifellos aus seiner Angst, er müsse die Verantwortung für die Einbalsamierung Lenins übernehmen. Jedenfalls sprach sich auch Schorr gegen die Aufbewahrung des Leichnams in einer konservierenden Flüssigkeit aus. Völlig indiskutabel erschien ihm jedoch die Tiefkühlung, weil der enzymatische Prozeß, wie er anmerkte, auch bei niedrigen Temperaturen nicht zum Stillstand komme. Die Testergebnisse mit der Tiefkühlung von Leichen sollten ihm recht geben. Die Methode erwies sich in der Tat als gefährlich für die Gewebestruktur. Wie von Professor Worobjow vorhergesagt, waren nach einigen Tagen pergamentfarbene Flekken und eine beunruhigende Rötung der Haut aufgetreten. Trotz dieses unwiderlegbaren Resultats nahm das Zentralkomitee der Partei Krassins Vorschlag am 14. März an und votierte einstimmig für die Konservierung bei niedrigen Temperaturen.[9]

Worobjow wohnte während seines Aufenthalts in Moskau bei meinem Vater, den er auf einer Berlin-Reise kennengelernt hatte. Während des Krieges war er angesichts der auf ukrainischem Boden vorrückenden deutschen Truppen zur Emigration nach Bulgarien gezwungen, wo er an der Universität Sofia einen Lehrauftrag annahm. Nach der Oktoberrevolution wurde mein Vater, der unterdessen zum stellvertretenden Direktor des Instituts für Biochemie avanciert war, bei den neuen sowjetischen Machthabern vorstellig, um Worobjows Rückkehr in die Sowjetunion zu erleichtern. Nun suchte er Worobjow mit allen Mitteln zu überreden, die Konservierung Lenins zu übernehmen. „Ich bitte Sie", antwortete Worobjow, „sich diese Idee aus dem Kopf zu schlagen. Jede Mitwirkung an dieser Angelegenheit wäre Ihr Untergang. Was mich betrifft, ich möchte nicht das Schicksal jener Alchemisten erleiden, die sich erboten, Papst Alexander VI. einzubalsamieren, beträchtliche Geldsummen dafür einheimsten, den Leichnam durch ihre Unwissenheit ruinierten und sich dann wie Diebe aus dem Staub machen mußten." „Warum sind Sie dann nach Moskau gekommen?", fragte mein Vater. „Man hat mich kommen lassen. Ich habe niemanden darum gebeten", versetzte Worobjow.

Er hatte nur den einen Wunsch, alsbald nach Charkow zurückzukehren. Er war überzeugt, daß Krassins Vorschlag, den Leichnam tiefzukühlen, in einem Fiasko enden würde, und wollte damit in keinem Fall in einen direkten oder indirekten Zusammenhang gebracht werden. Mein Vater gab sich jedoch nicht geschlagen. Er dachte sich einen teuflischen Plan aus, um Worobjow zu nötigen, diesen Auftrag zu übernehmen. Zunächst bat er Worobjow, einen von ihm selbst diktierten Brief an den Professor Zbarski niederzuschreiben: „Ich reise jetzt ab, weil ich überzeugt bin, daß sich die Diskussion noch lange hinzieht und nichts unternommen wird, um den Leichnam zu retten, obwohl das Gesicht bereits eine erdige Farbe angenommen hat. Noch einige Tage, und es wird schwarz und ausgetrocknet sein. Es versteht sich, daß man es der Öffentlichkeit in diesem Zustand nicht präsentieren kann (...)."

Mein Vater erzählte mir später, mit welcher Mühe er Worobjow jedes einzelne Wort abringen mußte. Denn dieser befürchtete, man könnte das Schreiben als Anerbieten verstehen, an den Einbalsamierungsarbeiten mitzuwirken – was er unter allen Umständen vermeiden wollte.

Anschließend überredete mein Vater Worobjow, einen

weiteren Brief an Krassin zu verfassen, in dem er seine Ansicht noch einmal darlegen sollte. „Sehr geehrter Leonid Borissowitsch", schrieb Worobjow. „Da ich im Begriff stehe, aus Moskau abzureisen, halte ich es für meine Pflicht, Ihnen noch einmal meine Ansichten nahezubringen. Der Zustand des Leichnams verschlechtert sich mit jedem Tag. Die Austrocknung und graubräunliche Verfärbung des Gewebes, die mir bereits auffielen, als ich den Leichnam zum erstenmal untersuchte, finden sozusagen vor unseren Augen statt. Ich wiederhole, daß nur die Aufbewahrung in einer balsamischen Lösung den fortschreitenden Verwesungsprozeß aufhalten könnte."[10]

Nur wenige Tage nach Worobjows Abreise suchte Krassin ihn erneut in Charkow auf, wo er die unglaubliche Sammlung anatomischer Präparate des Professors entdeckte. In den Regalen eines großen Hörsaals standen zahlreiche Glasbehälter, in denen Worobjow seit mehreren Jahren verschiedene menschliche Organe aufbewahrte, die bemerkenswert gut erhalten waren. Krassin stellte verblüfft fest, wie sehr sie lebendigen Organen ähnelten. Nun war er überzeugt und übergab Worobjow einen Brief von Dzershinski. „Der Ausschuß", schrieb der Chef der GPU, „ersucht Sie, alle Maßnahmen zu ergreifen, die Sie für die Erhaltung des Leichnams von Wladimir Iljitsch für nötig erachten."[11] Worobjow traute seinen Augen nicht. Was war geschehen? Wie erklärte sich diese plötzliche Kehrtwendung? Am 13. März, einen Tag nach Worobjows Abreise nach Charkow, hatte mein Vater den Entschluß gefaßt, sich persönlich an Dzershinski zu wenden. Zu diesem Zweck begab er sich zunächst zu Pjotr Bogdanow, dem Präsidenten des Obersten Wirtschaftsrates der russischen Föderation, den er gut kannte. Bogdanow telefonierte mit Dzershinski, der sich einverstanden erklärte, meinen Vater zu empfangen.

Mein Vater hatte sich reiflich überlegt, wie er das Gespräch mit Dzershinski am besten anpacken könnte, und so fragte er ihn gleich eingangs der Unterredung, ob man beschlossen habe, Lenins Leichnam zu beerdigen. Der Chef der GPU antwortete ausweichend. „Wir sind bereit, den Leichnam zu retten", erklärte mein Vater ohne Umschweife. „Wer ist wir?", fragte Dzershinski. „Ich und Worobjow", antwortete mein Vater. Überrascht sah Dzershinski ihn an und meinte schließlich: „Endlich jemand, der bereit ist, die Sache in Angriff zu nehmen und Risiken einzugehen." Zbarski übergab ihm den Brief, den Worobjow an ihn gerichtet hatte.

Die Unverfrorenheit, die mein Vater in dieser Angelegenheit an den Tag legte, gefiel Dzershinski offenbar. Er sagte, er könne eine solche Entscheidung nicht allein fällen und müsse das Angebot erst einmal der Regierung unterbreiten. Gleichwohl glaube er, daß gute Aussichten auf einen positiven Bescheid bestünden. Man müsse aber, wie er hinzufügte, in jedem Fall die Ansicht Krassins einholen. Er rief ihn an und bat ihn, Zbarski noch am gleichen Tag zu empfangen. Krassin war über diesen Besuch, der in letzter Minute seine Pläne durchkreuzte, sehr verärgert und ließ sich nicht einmal herbei, meinem Vater zur Begrüßung die Hand zu reichen. „Was haben Sie mit Ihrem Worobjow bloß im Sinn? Der Kerl ist weibisch. Er hat keinerlei konkrete Vorschläge und kritisiert nur immer, was andere vorschlagen. Was beabsichtigen Sie zu tun?" Mein Vater versetzte, selbst wenn es ihnen nicht gelänge, müßte man den Leichnam andernfalls früher oder später sowieso beisetzen.

In der Tat hatte sich der Zustand der sterblichen Überreste Lenins weiter verschlechtert. Der Abstand zwischen den Lippen betrug nun schon drei Millimeter. Über die Oberschenkel verbreiteten sich immer mehr braune Flekken. Die linke Hand hatte einen graugrünlichen Farbton angenommen. Die Ohrmuscheln waren völlig eingefallen.[12]

„Nun gut", meinte Krassin gekränkt, „was wollen Sie jetzt von mir?" „Oh, *ich* will nichts von Ihnen", antwortete mein

Vater. „Dzershinski hat mich geschickt." Noch bevor der Chef der Staatspolizei grünes Licht gab, rief Zbarski Worobjow in Charkow an: „Die Sache ist entschieden, es gibt kein Zurück mehr." „Wenn das so ist", antwortete Worobjow verzweifelt, „dann sind wir beide verloren."

Als schließlich deutlich wurde, daß sämtliche Tiefkühlexperimente negativ verlaufen waren, nahm die Regierung das Angebot meines Vaters an. Krassin hatte keine andere Wahl, als in den Zug nach Charkow zu steigen und bei Worobjow Abbitte zu leisten. Dessen Antwort ließ nicht auf sich warten. „Ich bin gezwungenermaßen der Meinung", schrieb er an Dzershinski, „daß das von der Regierung mir unterbreitete Angebot nicht nur eine Ehre ist, sondern mir auch die Gelegenheit bietet, eine Schuld abzutragen. Wir dürfen nicht mehr länger warten und müssen uns sofort an die Arbeit machen (…)."

Nach seiner Rückkehr nach Moskau ließ man Worobjow freie Hand, alle nötigen Vorkehrungen zu treffen: Das Mausoleum wurde während der auf vier Monate angesetzten Arbeiten für die Öffentlichkeit geschlossen, Worobjow erhielt alle technischen Mittel, die er wünschte, und durfte sich seine Mitarbeiter selbst aussuchen.[13] Unter ihnen befand sich auch ein gewisser Boris Iljitsch Zbarski.

So konnten Worobjow und seine Assistenten zwei Monate nach Lenins Tod endlich mit der Konservierung beginnen. Alle Beteiligten waren sich der ungeheuren Verantwortung bewußt, die auf ihnen lastete. Sie wußten, daß ihnen der kleinste Fehler zum Verhängnis werden konnte.

3.   Mein Vater

Ein ehrgeiziger Wissenschaftler

Nach der Oktoberrevolution weigerten sich viele Intellektuelle und Wissenschaftler, mit der Sowjetmacht zusammenzuarbeiten. Ob Sozialrevolutionäre, Liberale oder Monarchisten – die meisten zogen es vor, nach Westeuropa zu emigrieren, als unter dem Regime der „Diktatur des Proletariats" zu leben.

Mein Vater war da anderer Auffassung. Er konnte, wie er dachte, unter der neuen Regierung nur gewinnen. In seiner Jugend hatte er als Angehöriger der jüdischen Glaubensgemeinschaft sehr unter den rigorosen Einschränkungen zu leiden, die das Zarenregime den Juden auferlegte. So war es dem Diplomchemiker, der an den Universitäten von Genf und Sankt Petersburg studiert hatte, als Jude von vornherein verwehrt, sich für einen Posten in einer staatlichen Institution zu bewerben. Seine Karriere innerhalb der angesehenen Universitäten und wissenschaftlichen Institute war zerschlagen, noch bevor sie begann. Die Oktoberrevolution bedeutete für ihn wie für viele andere Juden daher eine Art Revanche an der alten Ordnung.

Im besonderen schockierte meinen Vater, daß Juden ohne höhere Bildung gezwungen waren, in Regionen wie Weißrußland, Litauen und einem Teil der Ukraine zu leben. Was ihn jedoch am meisten empörte, waren die Pogrome. Sie wurden vom Zarenregime in regelmäßigen Abständen angezettelt, um den antisemitischen Hunger des russischen Volks zu stillen, das aufgrund der kriegsbedingten Entbehrungen Anzeichen von Unzufriedenheit zeigte. Unter diesen Bedingungen kann es nicht verwundern, daß einige jüdische Intellektuelle den Untergang des Zarenregimes mit aller Hartnäckigkeit betrieben. Im Jahre 1917 zählte das Zentralkomitee der bolschewistischen Partei unter seinen 21 Mitgliedern nicht weniger als 8 Juden. Unter ihnen befanden sich Revolutionäre mit solch klangvollen Namen wie Swerdlow, Sinowjew und Trotzki.

Außerdem machte sich mein Vater die Ideen der neuen Machthaber deshalb gern zu eigen, weil er sich als Jugendlicher selbst an revolutionären Aktivitäten beteiligt hatte. Er stammte aus Kamenez-Podolsk, einem Hauptort rund vierzig Kilometer von der Grenze zu Österreich-Ungarn entfernt, und hatte sich im Alter von 16 Jahren den Sozialrevolutionären (SR) angeschlossen. Die SR befürworteten in ihrem Kampf gegen die bestehende Ordnung das Attentat auf Einzelpersonen. Diese Methode hatte bereits dem Zaren Alexander II. und anderen bedeutenden Mitgliedern des Staatsapparats, darunter dem Bürgermeister von Moskau, dem Großfürsten Sergej Alexandrowitsch und dem Innenminister Plehwe, das Leben gekostet.

Die politische Orientierung meines Vater ist angesichts seiner sozialen Herkunft zumindest als erstaunlich zu bezeichnen. Seine Mutter stammte aus einer wohlhabenden Kaufmannsfamilie. Sie betrieb ein Porzellangeschäft, das ihr ein beachtliches Einkommen verschaffte. Sein Vater, obgleich Abkömmling einer angesehenen Adelsfamilie, hatte in einer Versicherungsgesellschaft einen bescheidenen Angestelltenposten.

Gleichwohl verabscheute mein Vater das zaristische Rußland – ein Land, in dem die Kluft zwischen arm und reich größer war als in irgendeinem anderen Teil Europas. Als er noch das Gymnasium besuchte, trat ein gewisser Gerschuni an ihn heran und schlug ihm vor, den grenzüberschreitenden Schmuggel von Zeitungen, Büchern und Revolutionären zu organisieren. Mein Vater sagte begeistert zu.

Wie er mir erzählte, befand sich unter den Revolutionären, denen er bei der Flucht ins Ausland half, auch Leonid

Boris Iljitsch Zbarski im Jahr 1910, als er an der Universität von Genf Chemie studierte.

Trotzki. Nach Einbruch der Nacht geleitete er den berühmten Revolutionär zu einer Hütte einige Kilometer vor der Grenze. Am folgenden Morgen wurden sie von einem fluchenden Schmuggler, der Trotzki nach Österreich-Ungarn bringen sollte, unsanft aus dem Schlaf gerissen.

Im Jahr 1967, als ich mich im Rahmen eines Forschungsauftrags in Frankreich aufhielt, begegnete ich in einem Pariser Hotel einigen sowjetischen Landsleuten. Einer von ihnen, ein Philosoph, war nach Frankreich gekommen, um die dortigen Kommunisten in Marxismus-Leninismus zu unterrichten. Er riet mir, als der Spitzel abwesend war, in der Nationalbibliothek Trotzkis Bücher zu lesen, die in der Sowjetunion verboten waren. Ich folgte seinem Rat und bestellte *Mein Leben* von Leonid Trotzki. Was ich aus diesem Buch erfuhr, war in der Tat sehr lehrreich. Der revolutionäre Führer erzählt darin, wie er aus der Gefangenschaft in Sibirien ausbrach und nach einmonatiger Flucht quer durch Rußland in Kamenez-Podolsk anlangte, wo ihn ein Gymnasiast sicher über die Grenze geleiten sollte. Der Jugendliche, berichtet Trotzki, weigerte sich zunächst, ihm zu helfen. Als Grund gab er an, daß er mit der sozialdemokratischen Partei, zu deren bekanntesten Mitgliedern Trotzki zählte, nicht einverstanden sei. Die Sozialdemokraten lehnten Attentate auf Einzelpersonen als politisches Mittel ab und wollten die Macht durch eine Erhebung der arbeitenden Klassen erobern. Nicht weniger als drei Stunden brauchte der brillante Theoretiker der Revolution, um den Widerstand des verbohrten jungen Mannes zu brechen. Trotzki fügte in seinem Buch hinzu, daß der Gymnasiast inzwischen ein renommierter Wissenschaftler der Sowjetunion sei. Er vermied es allerdings, ihn namentlich zu nennen, um ihm keine Schwierigkeiten zu bereiten. So wurde mir bei der Lektüre von *Mein Leben* klar, wie sehr mein Vater diese Episode in gewisser Weise geschönt hatte. Ich machte ihm daraus keinen Vorwurf, denn ich wußte, daß es unter dem stalinistischen Regime nahezu unmöglich war, die historischen Tatsachen nicht zu verdrehen.

Schließlich wurden die revolutionären Aktivitäten des Gymnasiasten ruchbar. Mein Vater wurde des Gymnasiums verwiesen und sah sich genötigt, seine Studien im Ausland fortzusetzen. Im Jahre 1906 schrieb er sich an der Universität Genf ein, wo er an der Fakultät für Physik und Mathematik fünf Jahre lang Chemie studierte. Da die russische Regierung sein Schweizer Diplom nicht anerkannte, mußte er an der Universität Petersburg mehrere Prüfungen ablegen, um einen gleichwertigen russischen Abschluß zu erhalten. Anschließend arbeitete er ohne jede Bezahlung anderthalb Jahre am Lehrstuhl für biologische und analytische Chemie an der Universität Moskau. Da die Regierung allen Angehörigen der jüdischen Glaubensgemeinschaft eine staatliche Anstellung verweigerte, mußte er Privatunterricht in Mathematik, Chemie und Physik erteilen, um seine kurz zuvor gegründete Familie knapp über die Runden zu bringen.

Meine Eltern kannten sich seit ihrer Kindheit. Sie heirateten im Jahr 1908, als beide in Genf studierten. Mein Vater verehrte meine Mutter damals sehr. Mit ihren regelmäßigen Gesichtszügen, ihren schwarzen Mandelaugen, ihrem schimmernd goldbraunen Haar und ihrer schlanken Taille war sie das, was man durchaus eine „jüdische Schönheit" nennen muß. Sie war jedoch, wie mein Vater später feststellen mußte, mit eher schlichten Geistesgaben ausgestattet und mußte ihr Biologiestudium in Genf nach dem dritten Jahr abbrechen. Sie wünschte sich eine Tochter, gebar 1913 jedoch einen Sohn. Dies erklärt ihre spätere Angewohnheit, mich in Mädchenkleidung zu stecken, worunter ich sehr litt. Sie neigte dazu, mich als eine Art Spielzeug zu betrachten, und schenkte mir alles in allem wenig Aufmerksamkeit.

Meine Mutter Faina Nikolajewna Zbarskaja kurz nach ihrer Heirat mit meinem Vater im Jahr 1908.

Im Juli 1915 sprach bei meinem Vater unerwartet ein junger Mann in Livree vor und bat ihn, sich schnellstmöglich zu Sinaida Grigorjewna, die Witwe von Sawwa Morosow, einem der reichsten Männer Rußlands, zu begeben. „Sie wird Ihnen eine gutbezahlte Anstellung anbieten, die Stelle ist Gold wert, zögern Sie nicht", erklärte der junge Mann.

Mein Vater liebte das Unvorhergesehene und folgte der Aufforderung, ohne weitere Erklärungen zu verlangen. Vor unserem Wohnhaus erwartete ihn eine zweispännige Kutsche.

Man fuhr ihn zu einem imposanten Palast in der Spiridonowka-Straße (der heute als Empfangsgebäude des Außenministeriums dient). Am oberen Absatz einer breiten Wendeltreppe erwartete ihn eine sehr schöne Frau: blond, lange Beine, ein breites, rundes Gesicht, eine Haut wie Elfenbein, volle Lippen, hohe Wangenknochen, eisblaue Augen – der russische Menschenschlag. Sie musterte meinen Vater mit einem wilden Blick: „Sie sind Chemiker?", fragte sie. „Ich habe mein Diplom an den Universitäten von Genf und Sankt Petersburg gemacht", antwortete mein Vater. „Nun gut, Sie gefallen mir. Angestellt", schloß Sinaida Grigorjewna die Unterredung.

Die Frau besaß ein eigenwilliges Temperament. Sie hatte in zweiter Ehe den Bürgermeister von Moskau, Reswoj, geheiratet. Die Eheleute waren Eigentümer des Anwesens in Gorki, wo Lenin acht Jahre später seine Tage beendete. Sinaidas Anordnungen duldeten keinen Aufschub, obwohl sie ihre Meinung wenige Minuten später wieder ändern konnte. Angestellte, die nicht schnurstracks ausführten, was sie ihnen befahl, wurden augenblicklich entlassen. Als sie erfuhr, daß das Gut im Ural ihr nichts einbrachte und der dortige Verwalter erhebliche Summen unterschlug, setzte sie ihn unverzüglich vor die Tür und ließ ihrem Zeremonienmeister eine Stunde, um Ersatz zu finden. Dieser griff in Panik zur nächstbesten Zeitung. Sein Blick fiel auf eine Kleinanzeige: „Boris Zbarski, Doktor der Chemie der Universitäten von Genf und Sankt Petersburg, gibt Privatunterricht in Chemie, Physik und Mathematik." Ohne Zeit zu verlieren, eilte er zu uns.

Sinaida Grigorjewna bot meinem Vater ein monatliches Gehalt von 500 Rubel zuzüglich einer fünfprozentigen Gewinnbeteiligung an. Das Anwesen von Wsewolodo-Wilwa umfaßte zwei Chemiefabriken und rund 40 Hektar Wald. 500 Rubel! Das war mehr, als mein Vater sich je hätte träumen lassen. Er überlegte einen Augenblick, weil ihn diese Anstellung unweigerlich von seinen wissenschaftlichen Arbeiten abhalten würde. Doch da meine Mutter darauf bestand, daß er jede bezahlte Arbeit annimmt, akzeptierte er das Angebot von Sinaida Grigorjewna schließlich.

So kam es, daß wir im Jahre 1915 ein neues Leben im Ural begannen. Ich war damals zwei Jahre alt. Meine ersten Erinnerungen reichen bis in diese Zeit zurück. Ich sehe mich noch, wie ich mit unseren beiden Hunden spielte, der fuchsroten Damka und dem dunkelbraunen Waletka, die mich beide an Größe überragten, oder im noch schneebedeckten Hof hinter unserem Haus in Begleitung meiner Amme umherging oder meinem Vater entgegenlief, wenn er von der Arbeit nach Hause kam. Dies war für mich das wichtigste Ereignis des Tages. Ausgelassen schlüpfte ich immer wieder zwischen seinen Beinen hindurch. Dieses Spiel bereitete mir anscheinend großes Vergnügen, denn mein Vater erwischte mich einmal, wie ich versuchte, mich durch die Beine eines Pferdes hindurchzuzwängen. Da er befürchtete, das Pferd könnte ausschlagen, stürzte er auf mich zu und zog mich am Kragen unter dem Tier hervor.

Wir verlebten glückliche Tage in Wsewolodo-Wilwa. Unsere Lebensumstände hatten sich erheblich verbessert. Wir wohnten nun in einem Haus mit zwölf Zimmern und hatten stets einen Kutscher, eine Köchin, ein Zimmermädchen, meine *Njanja* und einen Ofenheizer zu unserer Verfügung. Ich erinnere mich an herrliche Frühlingsspaziergänge, an den bläulichen Kamm der Uralberge, an das krachende Geräusch der Flüsse bei der Schneeschmelze, an die blumenübersäten Wiesen im Sommer. Die finsteren

Boris Pasternak und der kleine Ilja Zbarski im Ural im Jahr 1915.

Neuigkeiten von der Front drangen nur selten bis zu uns vor. Mein Vater entging der Einberufung, weil er als Direktor einer Chemiefabrik, die kriegswichtige Güter herstellte, unabkömmlich war.

Da er den ganzen Tag von seiner Arbeit in Anspruch genommen war, litt mein Mutter unter fehlender Gesellschaft. Um ihre Langeweile zu vertreiben, beschloß er, einen Freund, den Schriftsteller Jewgeni Lundberg, in unser Haus zu bitten. Lundberg nahm die Einladung bereitwillig an.

Bei einem seiner Moskauaufenthalte begegnete mein Vater unverhofft Boris Pasternak, dem Sohn seines Freundes, des Malers Leonid Pasternak. Die beiden Männer kamen ins Gespräch. Boris Pasternak beklagte sich über die beengten Verhältnisse, in denen seine Familie lebte. Er fühlte sich durch diese Lebensumstände in seinem künstlerischen Schaffen beeinträchtigt. Mein Vater schlug ihm vor, sein Gast zu sein und mit ihm in den Ural zu kommen. Einige Tage später quartierte sich Boris Pasternak, den mein Vater kaum kannte, bei uns in Wsewolodo-Wilwa ein.

So bildete sich auf dem Gut von Sinaida Grigorjewna ein kleiner Intellektuellenzirkel, an dem mein Vater, durch seine Tätigkeit als Fabrikdirektor vollständig in Anspruch genommen, den kleinsten Anteil hatte. Der junge Pasternak, damals knapp 25 Jahre alt, spielte Klavier und schrieb Gedichte. Seine Mutter war Pianistin gewesen und mit dem berühmten Komponisten Skrjabin befreundet. Dieser hatte die Begabung des jungen Boris erkannt und drängte ihn zu einer Musikerlaufbahn. Der junge Mann jedoch war noch unentschlossen, ob er Musiker oder Dichter werden solle.

Boris Pasternak trug seine Gedichte im Beisein von Lundberg und meiner Mutter vor. Er hatte sich in sie verliebt, und auch sie begegnete ihm offensichtlich nicht mit Gleichgültigkeit. Boris widmete ihr einige Verse, die ich bis zum

Jewgeni Lundberg (links), mein Vater, meine Mutter und Boris Pasternak im Ural im Jahr 1915.

heutigen Tage aufbewahrt habe. Manche kritzelte er auf ein Stück Papier, andere tippte er mit der Maschine auf Formulare des Guts Wsewolodo-Wilwa mit dem Aufdruck „Verkauf von Kalkazetat, Azeton, verschiedenprozentigem Methylalkohol und Holzkohle".

Manche dieser Verse wurden veröffentlicht, folgender zum Beispiel:

Der Abendtisch geschmückt mit funkelnden Gläsern
                                    aus Baccarat
Durch deine halbgeschlossenen Lider
sahst du den Aufmarsch von hitzigen Themen
– wie Heerscharen, in Reih und Glied –
an dir vorüberziehen

Wie ein Gemisch aus Tagen, die vergangen
und die im Herzen wir bewahren
Das letzte Aufbäumen warst du,
der letzte Tropfen

Ein kühler, früher Morgen. Wir bissen die Zähne
zusammen.
Und das Rauschen der Blätter war wie ein Wahn.
Über dem Ufer der Kama funkelte blau der Morgen
herauf
blau wie das Gefieder der Wildenten

Und der Tag begann im Blutbad der Morgenröte
Wie Erdöl floß das Rot
und löschte die Gaslampen im Quartier der Offiziere
und die Laternen der Stadt.

Wsewolodo-Wilwa
17. Mai 1916

Andere Gedichte sind nie erschienen:

Ich trug dich, dich ganz und gar
von Kopf bis Fuß
Wie ein Provinzschauspieler ein Shakespeare-Drama
in seinem Inneren mit sich trägt
in mir und wußte dich auswendig.
Ich lief durch die Stadt, planlos
und wiederholte dich.

Bei Tag wird sie mir zur Last, die Sonne, erstarrt
wie Fett auf einem Teller aus Zinn
Doch die Nacht – Nachtigall – erobert den Tag
und zur Äolsharfe wird das Haus.

Oft spielten meine Mutter und Boris Pasternak vierhändig Klavier oder sangen ein Duett. „Sag' mal", wandte sich meine Großmutter, die beide einmal überraschte, an ihren Sohn, „merkst du eigentlich nicht, daß sie in ihn verliebt ist? Das sieht doch ein Blinder!" Ich war zu klein, um beurteilen zu können, ob diese Verdächtigungen begründet waren. Aber es ist durchaus möglich, daß die Liaison zwischen Boris Pasternak und meiner Mutter an der wachsenden Entfremdung zwischen meinen Eltern nicht unschuldig war.

Boris Pasternak war ein eigenartiger Mensch: ein kräftiger Bursche mit schlacksigen Bewegungen und ständig in Gedanken. Viele Jahre später lief er mir in Moskau in der Nähe der Großen Steinbrücke über den Weg. Ich grüßte ihn, doch er erkannte mich nicht sogleich. Er schien in einen Traum versunken, aus dem er nur mit Mühe auftauchen konnte. Zunächst stieß er nur einige unverständliche Laute hervor, deren Sinn mir entging. „Ach, Sie sind es", sagte er nach einer Minute und entblößte sein großes Pferdegebiß.

Bis 1916 gelang es Pasternak, wegen eines gelähmten Beines der Einberufung zu entgehen. Doch als die Kriegsanstrengungen die Einziehung aller Männer erforderte, auch der teilweise behinderten, wußte er, daß auch er früher oder später eingezogen würde. Mein Vater konnte ihm eine Stelle in der Chemiefabrik von Bondjushski besorgen, deren Produktion für die Landesverteidigung als unentbehrlich galt. So konnte sich der junge Boris dem Dienst an der Front entziehen.

Als unsere Familie 1918 nach Moskau zurückkehrte, wohnten wir im selben Haus wie die Pasternaks. Wenn wir bei ihnen zu Abend aßen, zeigten sich die Pasternaks als sehr patriarchalische Familie. Am Kopf des Tisches thronte der Maler Leonid Pasternak, zu seiner Linken und Rechten seine Söhne Boris, der Dichter, und Alexander, der Architekt. Am anderen Tischende saßen seine Frau, die Pianistin Rosalia Isidorowna, und die beiden Töchter Josephine und Lydia. Diese sehr festgefügte Familie sollte später unter dem Druck der Ereignisse auseinanderbrechen. Die Eltern emigrierten mit ihren Töchtern nach Berlin und flohen nach

Hitlers Machtergreifung nach England; die Söhne beschlossen, in Rußland zu bleiben.

Mein Vater war entsetzt, welchen Schikanen die Fabrikarbeiter auf dem Gut von Wsewolodo-Wilwa ausgesetzt waren. In der Mehrzahl Tataren, wurden sie am Zahltag um einen Teil ihres Lohns betrogen. Der mit der Lohnauszahlung beauftragte Angestellte reiste stets mit einem Koffer voller Hundertrubelscheine an. Da die Arbeiter nicht mehr als ein Dutzend Rubel verdienten, eine auch für die damalige Zeit lächerliche Summe, mußten die Scheine in Kleingeld gewechselt werden. Die örtlichen Wucherer nutzten diese Situation aus und verlangten für ihren Dienst erhebliche Gebühren, was zu allerlei Konflikten führte. Mein Vater setzte sich dafür ein, daß am Zahltag kleinere Scheine geliefert würden; schließlich hatte er Erfolg.

Noch mehr empörten ihn die mittelalterlichen Lebensumstände seiner Beschäftigten. Sie lebten eingepfercht in unhygienischen Holzbaracken ohne Wasserleitung. Mein Vater beschloß, sie in den Räumlichkeiten einer ausgedienten Fabrik unterzubringen, und ließ die Hütten niederbrennen. Kurz darauf erhielt er eine Vorladung zum Provinzgouverneur. Man gab ihm zu verstehen, daß man seine Geste als Gehorsamsverweigerung gegenüber dem Regime betrachte. Er hatte sich in eine heikle Lage manövriert.

Mit den Ereignissen des Jahres 1917 schien sich der Wind für einen Augenblick zu seinen Gunsten zu drehen. Er wurde im Wahlbezirk von Elabuga zum SR-Abgeordneten gewählt. Seine Begeisterung für die Oktoberrevolution sollte jedoch rasch nachlassen, als sich das neue Regime nach den Wahlen zur Konstituierenden Versammlung bevorzugt auf die Sozialrevolutionäre einschoß.

Nach unserer Rückkehr nach Moskau Anfang 1918 durchlebten wir abermals schwere Zeiten. Meine Erinnerungen nehmen nun schärfere Konturen an. Ich sehe das Zimmer noch genau vor mir, in dem meine Eltern und ich wohnten oder besser aufeinandersaßen. Ein Schrank diente als Raumteiler. Die Pasternaks hatten im selben Haus die obere Etage bezogen.

Ich bin fünf Jahre alt. Mein Vater läßt mich für den Fall, daß ich mich verlaufen sollte, immer wieder unsere Adresse – „Volchonka, Hausnummer 14" – aufsagen. Während eines Spaziergangs auf den weitläufigen Prachtstraßen von Moskau veranstaltet er mit mir ein Experiment. Er versteckt sich hinter einem Kiosk. Ich stehe allein da und fange an zu weinen. Nach einer Weile taucht mein Vater wieder auf und macht mir Vorwürfe, anstatt mich zu trösten, weil ich den Passanten nicht meine Adresse gesagt habe.

Ich denke, sein Verhalten war ungerecht. Ich war einfach noch zu klein. Seit dieser Zeit hatte ich immer Angst, verlassen zu werden. Oft heißt es, die Kindheit sei die glücklichste Zeit im Leben eines Menschen; für mich war sie die schlimmste: Kälte, ständiger Hunger, tropfende Zimmerdecken, Pfützen auf dem Fußboden, Streit zwischen meinen Eltern, später ihre Scheidung. Es war ein trostloses Leben. Mir blieb nur die Hoffnung auf eine bessere Zukunft.

An einem Frühlingstag blicke ich aus dem Fenster unseres Zimmers. Schlecht gekleidete Studenten und Arbeiter befestigen Seile an der Bronzestatue von Zar Alexander III. und bringen sie samt dem Thron zu Fall. Ein allgemeines Freudengeschrei erhebt sich. Mein Vater schließt die Fensterläden und befiehlt mir, vom Fenster wegzubleiben. Im Sommer 1918 höre ich Kugeln durch die Luft schwirren. Später erfuhr ich, daß die Bolschewiki an diesem Tag, dem 6. Juli 1918, den Aufstand der linken Sozialrevolutionäre blutig niederschlugen.

Kurz nach diesen Ereignissen stürmten Männer in Lederjacken in unser Zimmer. Sie schubsten mich zur Seite, durchsuchten unsere Sachen und warfen meine geliebten Bücher auf den Boden. Es waren Agenten der Tscheka. Da sie nichts Kompromittierendes fanden, ließen sie meinen

Vater wieder frei. Allerdings mußten wir nun in ein noch kleineres Zimmer in der Groß-Nikolo-Worobjinski-Gasse umziehen. Der Raum war außerordentlich zugig. Bei jedem Regen tropfte es von der Decke. Bis zu den Knöcheln standen wir im Wasser. Ich kletterte von einem Stuhl zum anderen, um mir nicht die Füße naß zu machen. Als der Herbst kam, kuschelten wir uns eingewickelt in Decken eng aneinander.

Je mehr das Land im Bürgerkrieg versank, desto schwieriger wurde die Versorgungslage in den Großstädten. Wir aßen alles, was wir bekommen konnten, verfaulte Kartoffeln, trockenes Brot, und nahmen Lindenblüten als Tee-Ersatz. Ich erinnere mich, wie ich eines Tages, von Hunger geplagt, einen graubraunen Gegenstand essen wollte. Beim Hineinbeißen merkte ich, daß es ein Stück schwarze Seife war.

Meine Eltern rauften sich angesichts der momentanen Schwierigkeiten nicht etwa zusammen, sondern stritten sich ununterbrochen. Hysterische Anfälle und zerschlagene Teller waren an der Tagesordnung. Mein Vater schickte mich auf die Straße zum Spielen, um mir dieses klägliche Schauspiel zu ersparen. Doch die Angst, ich könnte mich allein verlaufen, hatte mich nicht verlassen, und so beschloß ich, vor der Tür zu warten, bis man mich wieder hereinließ.

Den Grund für diese dauernden Streitereien kannte ich nicht. Ich war noch zu klein, um das zu verstehen. Schließlich hielten es meine Eltern für besser, mich bei meiner Tante unterzubringen, bei der ich über ein Jahr lang wohnte.

Zur selben Zeit besserte sich die berufliche Situation meines Vaters plötzlich. Im Alter von 36 Jahren wurde er zum stellvertretenden Direktor des von den Sowjets gegründeten Instituts für Biochemie ernannt. Diese ansehnli-

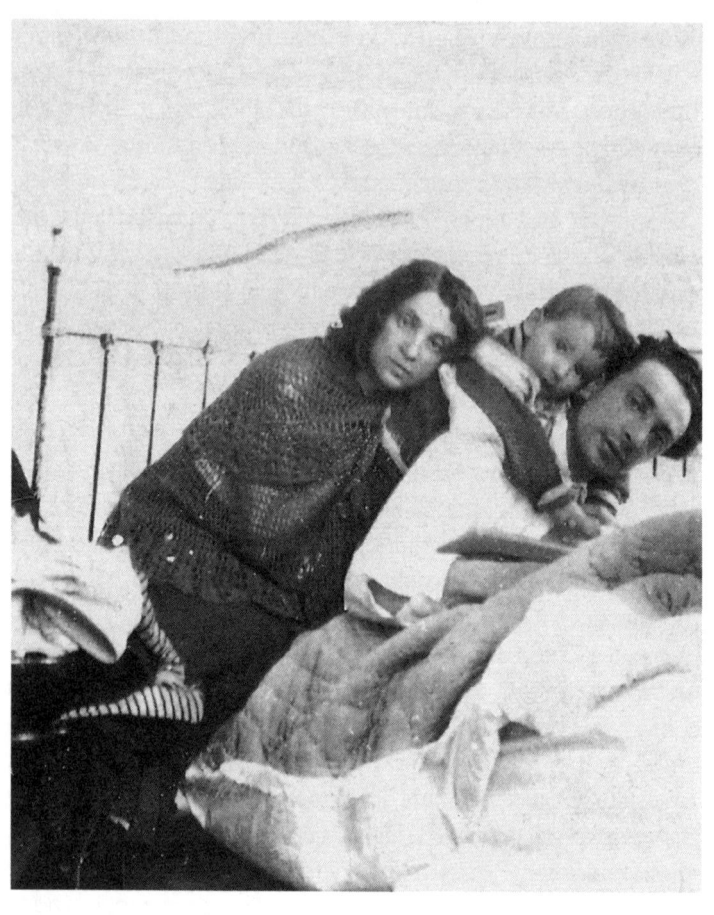

Meine Mutter, mein Vater und ich in Moskau 1918 in den Jahren der Not.

che Beförderung erklärte sich zum Teil aus dem Umstand, daß viele Wissenschaftler, die unter der Zarenherrschaft die Schlüsselpositionen besetzt hielten, sich weigerten, mit dem neuen Regime zusammenzuarbeiten. Sie räumten den Platz für eine neue Generation von Wissenschaftlern. Unter ihnen befand sich auch der Direktor des neugegründeten Instituts, Professor Alexej Bach; ihm vor allem hatte mein

Vater seine Berufung zu verdanken. Bach war als Sozialrevolutionär von der zaristischen Geheimpolizei Ochrana verfolgt worden. Er versorgte die Extremisten, die es sich zum Ziel gesetzt hatten, Mitglieder der Zarenfamilie und hohe Staatsbeamte zu beseitigen, damals regelmäßig mit Sprengstoff. Später emigrierte er in die Schweiz, wo er ein biochemisches Privatlabor leitete. Unter seiner Obhut bereitete mein Vater seine Dissertation an der Universität von Genf vor. Nach der Oktoberrevolution hatte mein Vater alles unternommen, um Bach zur Rückkehr nach Rußland zu bewegen.

Unsere materiellen Lebensumstände hatten sich sehr verbessert. Wir bewohnten nun eine geräumige Dreizimmerwohnung in einer Villa, wo auch das neue Institut für Biochemie untergebracht war. Wir lebten umgeben von schönen Möbeln, Teppichen, Statuen und Gemälden berühmter Künstler. Das Gebäude hatte einem deutschen Industriellen gehört, der Rußland kurz nach der Oktoberrevolution verließ. In seiner Eile war es ihm nicht möglich, seinen gesamten Besitz mitzunehmen. Da auch die Hausbediensteten geblieben waren, verfügte das Institut über ein achtköpfiges Personal, darunter einen Hauswart, einen Gärtner, einen Koch, ein Zimmermädchen und den Zeremonienmeister.

Gegenüber der Villa lag ein Park, der sich bis zur Jausa hinab erstreckte. Sein Zustand hatte sich seit den Revolutionsjahren sehr verschlechtert. Sträucher und Unkraut überwucherten ihn. Doch konnten wir hier und da noch die Überreste seiner einstigen Herrlichkeit erblicken: ein Lindenwäldchen, in Reihen gepflanzte Obstbäume, einen ausgetrockneten Teich, über den eine kleine Holzbrücke führte. Wegen der schweren Hungersnot im Land pflanzten wir in unserem Gemüsegarten Kartoffeln und Rüben an. Manchmal stieß ich dabei auf Gewehre, Pistolen und Maschinengewehrpatronen, die dort wohl von einer der Bürgerkriegsparteien vergraben und vergessen worden waren.

Mein Vater widmete mir mehr Aufmerksamkeit als meine Mutter, obwohl seine wissenschaftlichen Arbeiten ihn sehr in Anspruch nahmen, während meine Mutter damals keiner beruflichen Tätigkeit nachging. Er erzählte mir Geschichten und erklärte mir die Natur. Je mehr ich aber heranwuchs, desto mehr Druck übte er auf mich aus. Dieser autoritäre Zug sollte sich mit den Jahren immer weiter verstärken – so sehr, daß ich, wie man später noch sehen wird, jede persönliche Bewegungsfreiheit verlor.

Die Beziehungen zwischen meinen Eltern verschlechterten sich zusehends. An manchen Tagen – wir wohnten damals schon in der Woronzowo-Pole-Straße – kam mein Vater abends nicht nach Hause, angeblich weil er, wie er sagte, Tag und Nacht im Laboratorium arbeitete. Vielleicht lag er auch in den Armen einer Geliebten, ich weiß es nicht. Seit Anfang der zwanziger Jahre lebten meine Eltern getrennt.

Im Jahr 1921 kam ich in die Grundschule. Ich erinnere mich noch an den ersten Schultag. Alle Schüler meiner Klasse singen die *Internationale*. Ich habe dieses Lied nie zuvor gehört und verhalte mich also still. Plötzlich platzt die Lehrerin ins Klassenzimmer. „Hört mit diesem Itzigzeug auf!" schreit sie uns an. In der Pause verprügeln mich einige Schüler, weil ich nicht mitgesungen habe. Als ich aus der Schule nach Hause komme, bemerkt mein Vater mein trauriges Gesicht und verlangt eine Erklärung. Ich verheimliche ihm die Episode mit der Prügelei. „Was heißt Itzigzeug?", frage ich meinen Vater, der mich verdutzt ansieht.

Er hielt es daraufhin für besser, mich von der Schule abzumelden. Den staatlichen Unterricht schätzte er sowieso nicht sonderlich und ließ mir lieber Privatunterricht erteilen. So übernahmen zwischen meinem elften und dreizehnten Lebensjahr drei Hauslehrer meine Erziehung. Der eine unterrichtete mich in Mathematik, ein anderer in Geschichte und der dritte in Deutsch. Da ich ständig zu Hause war, litt ich unter fehlender Gesellschaft und beneidete die anderen Kinder sehr.

Eines Tages – ich war damals neun Jahre alt – begegnete ich in unserem Treppenhaus einem schnurrbärtigen Mann Ende Vierzig. Es war Professor Wladimir Worobjow, der gerade aus Berlin zurückgekehrt war. Worobjow gewann meine Sympathie im Handumdrehen. Er schenkte mir eine Frucht, die ich noch nie gesehen hatte: eine Orange. Unser Land erholte sich ja erst Schritt für Schritt von der großen Hungersnot der Jahre 1919–1920. Die Neue Ökonomische Politik (NÖP), die Lenin ins Werk gesetzt hatte, zeigte erste positive Wirkungen. Nach und nach füllte sich der Tisch mit Obst, Gemüse, Fleisch und Brot. Ich konnte mich endlich wieder satt essen. Für meinen Vater und mich begannen fette Jahre. Gruscha, das Hausmädchen, das wir vom ehemaligen Besitzer der Villa übernommen hatten, kochte für mich das Essen, wusch mein Wäsche und räumte mein Zimmer auf. Wenn Freunde zu Besuch kamen, servierte sie Tee und kleine Kuchen.

Mein Vater, ein geistreicher Mann von stolzem Gebaren, schlank, mit tadellos geschnittenem dreiteiligem Anzug, schien dem weiblichen Geschlecht zu gefallen. Nach der Trennung von meiner Mutter hatte er zahlreiche Geliebte. Eine von ihnen, eine bekannte Schaupielerin mit blondem Haar und hellen Augen, gefiel mir sehr. Es war Olga Baklanowa, die Primadonna des Moskauer Musiktheaters Stanislawski-Nemirowitsch-Dantschenko. Sie hatte sich insbesondere als Carmen hervorgetan. Mein Vater hatte mit ihr eine leidenschaftliche Affäre und war drauf und dran, sie zu heiraten. Doch Olga hatte bereits beschlossen, in die Vereinigten Staaten auszuwandern. Durch sie hat mein Vater wahrscheinlich auch den Sänger Oserow und den Schauspieler Moskwin vom Künstlertheater kennengelernt, die er zu feucht-fröhlichen Abendgesellschaften empfing. Da er sich viel in Theaterkreisen bewegte, wurde er schließlich in den künstlerischen Rat des Musiktheaters aufgenommen. Ich nahm an einer Versammlung dieses Rats einmal teil und erinnere mich, mit welchem Feuereifer die Anwesenden über den fehlenden Realismus in der Musik von Knipper debattierten. Dieser Komponist, ein Neffe von Olga Knipper-Tschechowa, der Frau des berühmten Dramatikers, war damals sehr *en vogue*.

Französische Operetten wie *La fille de Mme Angot, La Périchole* und *Die schöne Helena* – Werke von heiterer Gelöstheit mit exotischen Bühnenbildern und Kostümen – waren beim Publikum sehr beliebt. Thematisch kreisten sie meist um Ränkespiele der Liebe, deren Sinn ich damals nicht recht verstand.

Während der Zeit der NÖP genossen die Künste große Freiheit. Erst Ende der zwanziger Jahre nötigte das Regime dem Publikum schrittweise die düsteren Regeln des „sozialistischen Realismus" auf.

Im Jahr 1923 unternahm mein Vater mit mir eine große Reise durch Europa, was sich damals nur wenige leisten konnten. Die starke Abwertung des Rubels hatte Auslandsreisen unerschwinglich gemacht. Bei unserer Ankunft in Berlin verblüffte mich die Sauberkeit und die Ordnung auf den Straßen. Was für ein Gegensatz zum Durcheinander und Schmutz in Moskau! Auf Schritt und Tritt hörte ich russisch sprechen. Millionen unserer Landsleute waren nach der Revolution aus Rußland geflohen. Hunderttausende hatten sich in Deutschland niedergelassen, darunter auch die Pasternaks. Wir statteten ihnen einen Besuch ab. Ich erinnere mich an eine lebhafte Unterhaltung bei Tisch, als mein Vater das sowjetische Regime mit Zähnen und Klauen gegen die scharfe Kritik unserer Gastgeber verteidigte.

Auch in Paris hörte ich häufig meine Heimatsprache. Über 600 000 russische Emigranten hatten sich hier niedergelassen. Obwohl wir nur zwei Tage in Paris blieben, war ich fasziniert vom regen Leben auf den Straßen und der Fröhlichkeit des französischen Volks; kein Vergleich zur Strenge und Eintönigkeit in Berlin.

Anschließend fuhren wir nach Cherbourg, wo wir uns nach dem spanischen Vigo einschifften. Dort lebte der Bruder meines Vaters, der ebenfalls aus Rußland geflohen war. Bei unserer Ankunft in Vigo fielen mir sogleich die Orangenverkäuferinnen ins Auge, denn Orangen waren in der Sowjetunion damals praktisch nicht aufzutreiben. Dicht gedrängt an der Bordwand der Schiffe zogen die Verkäuferinnen mit Flaschenzügen Körbe voller Zitrusfrüchte an Deck. Einer der Passagiere kippte aus Versehen einen Korb um. „Bolschewik!", fuhr ihn die Verkäuferin an. Offenbar gab es in Europa damals kein schlimmeres Schimpfwort.

Auf unserer weiteren Rundreise kamen wir über Madrid, Barcelona, Genua und Florenz nach Venedig, wo mich die Schönheit der Kanäle, die alten Brücken und die Gondeln begeisterten. Ich muß sagen, daß mir von dieser Reise durch das Europa der Nachkriegszeit nur wenige Erinnerungen geblieben sind. Ich war damals neun Jahre alt. Erst viele Jahre später sollte ich erkennen, welches Glück mir damals vergönnt war. Mit Ausnahme zweier berufsbedingter Auslandsreisen – 1945 nach Berlin und 1949 nach Sofia – erhielt ich erst in meinem 47. Lebensjahr die Erlaubnis, regelmäßig ins Ausland zu fahren.

Nachdem mein Vater eine Zeitlang intensiv gearbeitet hatte und abends öfters nicht nach Hause gekommen war, begannen in der zweiten Hälfte des Jahres 1924 fette Jahre. Er führte mich in Läden und kaufte für mich und für sich selbst schöne Anzüge. Ebenfalls zu dieser Zeit begann mein Vater große Abendgesellschaften zu geben. Die Herkunft dieses Wohlstands war mir unbekannt. Viele Jahre später offenbarte er mir, daß er für seine Arbeiten an Lenins Leichnam 25 000 Rubel erhalten hatte, eine für das kommunistische Regime beträchtliche Summe.

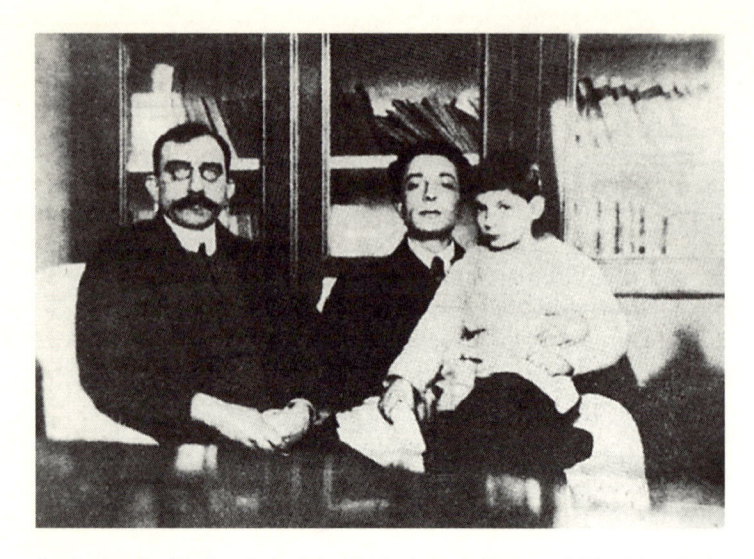

Am Institut für Biochemie im Jahr 1924, als mein Vater und Worobjow Lenin einbalsamierten. Von links nach rechts: Worobjow, mein Vater und ich.

Während der letzten drei Jahre der NÖP lebte mein Vater auf großem Fuß. Die meisten Gäste, die er zum Abendessen lud, waren hohe Beamte aus Verwaltung und Polizei. Was ihn dazu bewog, in solcher Gesellschaft zu verkehren, entzieht sich meiner Kenntnis. Vielleicht versuchte er dauerhafte Beziehungen zu Personen zu knüpfen, die ihm später einmal von Nutzen sein konnten. Die Einbalsamierung Lenins hatte ihn jedenfalls in die inneren Kreise der Macht katapultiert.

4.   Meine Schuljahre

Eine privilegierte Familie

Während der Einbalsamierungsarbeiten an Lenin hatte mein Vater Gelegenheit, Felix Dzershinski kennenzulernen. Später erinnerte er sich, wie zuvorkommend Dzershinski ihn und Professor Worobjow damals behandelte. „Das ist ein bemerkenswerter Mann. Er hat viel für unser Land getan", lautete eine stehende Redewendung. Dzershinski schenkte ihm eines Tages sein Porträt mit Widmung. Mein Vater beeilte sich, es in unserem Wohnzimmer aufzuhängen. Seine Bewunderung für den Funktionär ging so weit, daß er seinen zweiten Sohn Felix nannte. Nach dem Tod des Gründers der sowjetischen Geheimpolizei im Jahre 1926 unterhielt mein Vater sogar zu Dzershinskis Nachfolger Jagoda ausgezeichnete Beziehungen. An einem Tag im Jahre 1927, als die NÖP sich ihrem Ende näherte, bestellte Jagoda meinen Vater zu sich und übergab ihm eine große schwarze Schachtel. Das Objekt war einige Tage zuvor vor dem Amtssitz der Staatlichen Politischen Verwaltung (GPU) gefunden worden. Es enthielt eine erhebliche Menge Melinit, ein hochexplosiver Sprengstoff, der gereicht hätte, das ganze Gebäude der Staatspolizei dem Erdboden gleich zu machen.

Die Zeitungen schrieben den Attentatsversuch einem gewissen Operput zu, einem aus Lettland stammenden Angestellten der GPU, der im Auftrag einer Geheimorganisation gehandelt haben soll, die unter der Leitung einer russischen Großfürstin stand. Operput war in der Tat ein Doppelagent. Als seine Tarnung aufflog, ergriff der Verräter die Flucht. Er nahm einen Revolver, hielt ein Auto an und zwang den Fahrer, ihn aus der Stadt zu bringen. Nach einigen Kilometern war der Tank leer. Operput setzte seine Flucht zu

Fuß fort, wurde von den Agenten der GPU aber kurz darauf in einem Wald festgenommen. Operput wurde hingerichtet, die Organisation der Großfürstin zerschlagen.

Daß die GPU meinem Vater die Analyse des Sprengstoffs anvertraute, zeigt, welch großes Vertrauen er in dieser Institution genoß. Schließlich ließ er nichts unversucht, um sich den Kreisen führender Funktionäre zu nähern. Er dachte, diese Beziehungen könnten ihm für sein Fortkommen nützlich sein. Er war ehrgeizig und liebte Geld und Auszeichnungen.

Seit mein Vater sein Amt im Mausoleum übernommen hatte, gehörte unsere Familie zur Nomenklatura des neuen Regimes. So kam es, daß ich im Alter von dreizehn Jahren in ein Gymnasium überwechselte, das viele Kinder von leitenden Parteifunktionären und Regierungsbeamten besuchten. Die Einrichtung hieß offiziell „Kommunales Lepeschinski-Kollegium von Moskau" (MOPSCHK) und hatte sich aufgrund dieser Abkürzung den Spitznamen „Mops-Schule" eingehandelt. Das dreistöckige graue Gebäude befand sich im Stadtteil Ostoshenka im Zentrum Moskaus.

Unter den Schülern des Gymnasiums waren auch die Tochter des Sovnarkom-Präsidenten Rykow, der Sohn von Felix Dzershinski und Stalins Sohn Wassili. Da ich in eine höhere Klasse ging, hatte ich nie die Gelegenheit, Wassili genauer kennenzulernen. Ich erinnere mich nur an einen rothaarigen Jungen, der allgemein als Giftzwerg galt. Jedesmal wenn ihn ein Lehrer irgend etwas fragte, schlug er mit der Faust auf den Tisch und schrie: „Ich bin Stalin!" Eingeschüchtert ging der Lehrer zum nächsten Schüler über.

Eines Tages mußten wir uns alle im Pausenhof versammeln. Das war im Jahr 1928. Ein Lehrer schritt unsere Reihen ab und erklärte, Stalin sei nun Parteichef. Er hielt uns einen langen Vortrag über Stalins Leben und seine Rolle in der Revolution: „Er ist der beste Schüler Lenins."

Stalin war aus dem Kampf gegen die Partei-Linke um Trotzki damals als Sieger hervorgegangen. Mit aller Heftigkeit war er gegen Trotzkis Programm, das die Wirtschaftsplanung und die Militarisierung der Arbeit vorsah, zu Felde gezogen, nur um es sich später zu eigen zu machen und sich damit der Partei-Rechten um Kamenjew und Sinowjew zu entledigen. Nun kontrollierte er sämtliche Informationsmittel, die Presse, das Radio und die amtlichen Anschläge ebenso wie die Propaganda in Schulen und Fabriken. Im Jahre 1929 veröffentlichte die *Prawda* unter der Überschrift *Das Jahr des großen Umschwungs* einen Leitartikel des Generalsekretärs der Partei, der die forcierte Industrialisierung und die Kollektivierung der Landwirtschaft als „unerläßlichen Fortschritt auf dem Weg in eine strahlende Zukunft, den Kommunismus" feierte. An „Fortschritt" zeitigten diese Maßnahmen schon bald eine Welle von Hungersnöten.

Auch unsere Schule konnte sich dieser ideologischen Dauerberieselung nicht entziehen. Unsere Lehrer hämmerten uns tagein tagaus in die Köpfe, die „Große Oktoberrevolution" habe die Nation von der schrecklichen Ausbeutung durch die Bourgeoisie befreit und allen Arbeitern ein glückliches Leben beschert. An kirchlichen Feiertagen mußten wir mit antiklerikalen Spruchbändern – „Nieder mit den Pfaffen! Religion = Opium für das Volk" – vor der Erlöserkathedrale* demonstrieren. Auch im Lehrplan schlug sich diese ideologische Indoktrinierung nieder. Der Unterricht in russischer Sprache und Grammatik mußte den „Gesellschaftswissenschaften" weichen. Man lehrte uns, daß die Geschichte mit Karl Marx und der Ersten Internationale begann. Was davor geschah, existierte nicht. Im Literaturunterricht beschäftigten wir uns im wesentlichen mit den Werken der proletarischen Schriftsteller. Eines dieser Bücher mit dem vielsagenden Titel *Der Zement* aus der Feder eines gewissen Gladkow schilderte das Leben der

Arbeiter in einer Fabrik im Nordkaukasus unweit der Hafenstadt Noworossijsk. Der Held des Romans, ein Parteimitglied von einer mitreißenden Begeisterung für die Sache, geißelt die Trunksucht unter den Arbeitern und ermuntert seine Kollegen, die Planvorgaben unter allen Umständen zu erfüllen. Ein anderes Werk, *Eisenflut* von Serafimowitsch, entwarf das Porträt eines positiven Helden des Bürgerkriegs, der bereit war, sein Leben für die Sache der Revolution zu opfern.

Wir befaßten uns auch mit den Versen von Demian Bjedni („Demian der Arme"), dem Vorsänger des „sozialistischen Realismus", der nichts unversucht ließ, um die Gunst des Regimes zu gewinnen. Dabei hatte er vor der Revolution eine Ode an Nikolaus II. verfaßt:

Ich lasse meine Leier erklingen
Ich komponiere einen Gesang
Dem Apostel des Friedens, Nikolaus II.

Ein anderes seiner Gedichte widmete er dem Physiker Gamow, dessen Forschungsergebnisse auf einem ausländischen Symposium großen Lärm veranstaltet hatten.

Das ist ein sowjetischer Kerl,
der diesen bürgerlichen Wissenschaftlern gezeigt hat,
daß er fähiger ist als sie

Demian der Arme konnte, als er diese geistreichen Verse niederschrieb, nicht ahnen, daß der erwähnte Wissenschaftler nach einem Vortrag in Paris politisches Asyl in Frankreich beantragen sollte. Sein Name war fortan tabu. Mitunter lasen wir auch Gedichte großer Schriftsteller wie Brjusow und Blok, nie jedoch Werke von Jesenin, Gumiljow, Achmatowa oder Sologub. Auch die meisten Werke von Dostojewski waren offiziell verboten.

Unser Gymnasium war eine Musterschule, mit der eine neue Unterrichtsmethode ausprobiert wurde, die man in den zwanziger Jahren aus den Vereinigten Staaten importiert hatte. Der so genannte „Dalton-Plan" sah vor, daß sich die Schüler ohne Lehrer selbst unterrichten. Wir nutzten die Stunden, in denen wir uns mit Hilfe eines Lehrbuchs gegenseitig abfragen sollten, zu allerhand Streichen. Wir schleuderten den Passanten selbstgebasteltete Wasserbomben an den Kopf. Wir entwendeten Phosphor aus dem Chemielabor und schrieben unsere Namen damit auf eine Schranktür, so daß sie bei Dunkelheit leuchteten. Eines Tages bestellte uns der Direktor der Schule in sein Büro und teilte uns mit, der Schrank sei in Brand geraten. Wir erhielten alle einen Verweis.

Unsere Lehrer hatten uns nach Ansicht der Machthaber die „Realität des Arbeiterlebens zu vermitteln". So unternahmen wir mit unserem Chemielehrer eine einmonatige Rundreise durch die Ukraine und besichtigten zahlreiche Fabriken. Am meisten beeindruckten mich dabei die kolossalen Eisenhütten von Saporoshje. Zerlumpte Arbeiter mit schweißüberströmtem Gesicht gossen das rotglühende Metall aus großen Kesseln in Kipploren. Im Donez-Becken sahen wir Bergleute in engen Stollen, in denen die Luft mit Gasen gesättigt war, Erz schlagen. Augenscheinlich fristeten die Arbeiter ungeachtet der vielen Parolen, die von einer deutlichen Verbesserung ihrer Arbeitsbedingungen sprachen, noch immer dasselbe miserable Dasein. Gleichwohl war diese Reise für mich eine so interessante Erfahrung, daß ich nach unserer Rückkehr nach Moskau ein begeistertes Referat über die Chemie der Eisenverhüttung hielt.

Die Einführung neuer pädagogischer Ansätze steckte trotz der Bemühungen der neuen Machthaber noch in den Kinderschuhen. Die meisten unserer Lehrer hatten ihren Beruf bereits vor 1917 ausgeübt und wandten weiterhin die Unterrichtsmethoden des alten Regimes an. Sie bleuten uns im allgemeinen solide Kenntnisse ein, insbesondere in den naturwissenschaftlichen Fächern. Meinem Chemielehrer habe ich es zu verdanken, daß ich schon frühzeitig mit den Grundlagen der qualitativen und quantitativen Analyse vertraut war. In den letzten beiden Schuljahren mußten wir uns fachlich spezialisieren. Im Jahre 1930 schloß ich das Gymnasium mit einem Chemie-Diplom ab.

Mein Vater war währenddessen weiterhin bestrebt, enge Beziehungen zu leitenden Funktionären des Regimes zu knüpfen. So hatte er auch mit Alexej Rykow Bekanntschaft gemacht, der nach Lenins Tod den Vorsitz im Rat der Volkskommissare (Sovnarkom) übernahm. Rykow übte in gewisser Weise das Amt eines Ministerpräsidenten aus, doch hatte er den wichtigsten Teil seiner Befugnisse bereits damals an Stalin verloren, der als Generalsekretär der Partei nunmehr alle Macht in seinen Händen vereinte.

Rykow lud uns – meinen Vater, meine Stiefmutter und mich – zur Erholung in seine Datscha nach Waluewo ein, rund 20 Kilometer von Moskau entfernt. Die zweistöckige Blockhütte hatte einst Graf Musin-Puschkin gehört. Sie zählte ungefähr zehn Zimmer, bescheiden möbliert mit Betten, einigen Eichentischen und Korbsesseln. Gegenüber dem Haus erstreckte sich ein mit Pfählen eingezäunter Kiefernwald hinunter zum Fluß, in dem Rykow, mein Vater und ich oft baden gingen. Der Ort wurde von einem lettischen Offizier und einem russischen Soldaten streng bewacht. Auf dem Anwesen stand eine zweite Datscha von bescheideneren Ausmaßen, die einem weiteren wichtigen Parteimitglied gehörte: Nikolai Bucharin. Der Chefredakteur der *Prawda* und brillante Theoretiker der Revolution war im Politbüro für Fragen der Ideologie zuständig. Da er jedoch für die Fortführung der NÖP eintrat, wurde er von Stalin ebenfalls an den Rand gedrängt.

Bucharin gesellte sich häufig zu uns. Der ungefähr Vierzigjährige, dessen Gesicht ein feingezogener Schnurrbart und ein spitzes Kinnbärtchen zierte, machte mit seinem messerscharfen Verstand auf mich den Eindruck eines „Musketiers des Bolschewismus". Er verfügte über ein enzyklopädisches Wissen und war in Politik, Ökonomie und Literatur ebenso bewandert wie in Zoologie oder Botanik. Ich erinnere mich, wie er mir auf einem Spaziergang durch den Park in allen Einzelheiten die verschiedenen Pflanzenarten erklärte, die unseren Weg säumten.

Rykow hingegen war von reserviertem Naturell. Großwüchsig, den Bart sorgfältig gestutzt und stets in dunklem Anzug, hatte er das Gebaren eines Staatsmanns. Aber es kam auch vor, daß er seine Jacke auszog und den Rasen mähte. Mitunter ließ er sich sogar zu Scherzen hinreißen. Einmal erklärte er bei Tisch, der Landwirtschaftsminister heiße in Wahrheit nicht Jakowlew, sondern Epstein. „Ach Genosse", meinte daraufhin meine jüdische Stiefmutter, „Sie sind ein Antisemit." „Verzeihen Sie, gnädige Frau", erwiderte der Präsident der Sovnarkom prompt, „der Antisemit bin nicht ich, sondern er, weil er seinen Namen geändert hat." Wir lachten alle von ganzem Herzen, mit Ausnahme meiner Stiefmutter, die eine verärgerte Miene aufsetzte. Zum Abendessen versammelten wir uns im Eßzimmer, und ich erinnere mich, daß Bucharin und Rykow keine Hemmungen hatten, Stalins Politik zu kritisieren. „Er betreibt die Entartung der Nation", sagte Rykow eines Tages in meiner Gegenwart. Beide lehnten die Kollektivierung der Landwirtschaft ab, weil sie zur großangelegten Ausrottung der reichen Bauern, der Kulaken, führte. Kurz darauf wurden Rykow, Bucharin und ein weiteres führendes Parteimitglied namens Tomski der „Rechtsabweichung" beschuldigt. Alle drei mußten ihre Kritik an Stalin später teuer bezahlen.

Die landesweiten Auswirkungen der „Liquidierung der Kulaken als Klasse", wie es im Jargon damals hieß, ließen nicht lange auf sich warten. Die Versorgungslage verschlechterte sich erheblich, und erneut mußte ich erfahren, was Hunger ist. Das war um so merkwürdiger, als sich mein Vater weiterhin satt essen konnte. Mittags speiste er in der Kantine des Kreml-Krankenhauses, und abends nach der Arbeit ging er in den geheimen Geschäften einkaufen, die den Mitgliedern der Nomenklatura vorbehalten waren. Er besorgte sich bei der GPU Lebensmittelgutscheine und brachte damit nach Hause, wozu die übrige Bevölkerung praktisch keinen Zugang hatte: Obst, Gemüse, Käse und Schinken. Meine Stiefmutter Eugenie beeilte sich, die Lebensmittelpakete in ihre Gewalt zu bringen, und schloß die Speisekammer, in der sie ihre Beute verstaute, zweimal ab. Zu den reichlichen Mahlzeiten, die sie für meinen Vater zubereitete, war ich nie eingeladen.

Mein Vater hatte seine zweite Frau bei den Pasternaks in Berlin kennengelernt und sich auf der Stelle in sie verliebt. Warum, habe ich übrigens nie verstanden. Sie war beleibt und engherzig. Zurück in Moskau, hatte er sie am Institut für Biochemie zur Forschungsleiterin ernannt, wozu sie überhaupt nicht ausgebildet war. Und dann hatte er sie geheiratet.

Diese Frau legte mir gegenüber eine Grausamkeit und einen Geiz an den Tag, die ihresgleichen suchen. Einmal brachte sie von einer Reise nach Palästina eine Kiste Orangen mit, eine damals außerordentlich seltene Delikatesse. Ihr kam nicht einmal in den Sinn, mir eine davon anzubieten. Als ich die Kiste einige Monate später zufällig entdeckte, mußte ich feststellen, daß alle Orangen verfault waren.

Noch am selben Tag, als sie zum erstenmal den Fuß über unsere Schwelle setzte, entließ sie unser Zimmermädchen Gruscha, die mich liebte und sich um mich kümmerte. Meine Stiefmutter ließ mich aber nicht nur hungern, sondern stahl mir auch meine Kleider. Ich weiß übrigens nicht, was sie damit anstellte. Meinem Vater erzählte ich nur selten von diesen Schikanen, wahrscheinlich aus Stolz. Eugenie ver-

Professor Worobjow im Jahr 1934, drei Jahre vor seinem mysteriösen Tod.

stand sich sowieso auf die Kunst, meinen Vater gegen mich einzunehmen.

Mein einziger Trost in dieser Zeit war Professor Worobjow. Nach der Einbalsamierung Lenins hatte er seine Lehrtätigkeit an der Universität Charkow wieder aufgenommen. Doch zweimal im Monat kam er nach Moskau, um seine Pflichten am Mausoleum wahrzunehmen. Jedesmal wenn er uns einen Besuch abstattete, erweckte er in mir ein Gefühl der Zuneigung. Er war sehr gesellig und schien mich als seinesgleichen zu betrachten. Zumindest mit ihm fühlte ich mich ungezwungen und genierte mich nicht so wie in Gegenwart meines Vaters oder anderer Erwachsener.

Worobjow genoß die guten Seiten des Lebens. Besonders schätzte er die Gesellschaft schöner Frauen und Theaterbesuche. Er nahm mich häufig ins Restaurant mit, was für mich angesichts der Entbehrungen, die ich zu Hause litt, ein wahres Fest war. Als hervorragender Weinkenner beeindruckte er mich mit seinen geistreichen Bemerkungen über die unterschiedlichen Wirkungen verschiedener Weine auf den Gaumen, darüber, welches Glas am besten für welchen Wein geeignet sei und dergleichen mehr. Manchmal brachte er eine Schreibkraft nach Moskau mit. „Du kennst ja meine Schwächen", zwinkerte er mir dann zu.

Mein Vater fühlte sich aufgrund meiner Zuneigung zu Worobjow gekränkt. „Wenn ich mich dir gegenüber reservierter verhalte", erklärte er eines Tages, „dann deshalb, weil ich dich mehr liebe. Ich will, daß du gut erzogen wirst."

Worobjow kam in meiner Gegenwart wiederholt auf Lenins Leichnam zu sprechen. Er erklärte mir die verschiedenen histologischen Präparate und wie man Gewebe mit Gelatine oder Kunstharz einbalsamiert. Ich muß sagen, daß mich diese Ausführungen kaum interessierten, denn ich besaß auf diesem Gebiet noch keinerlei Kenntnisse. Im Laufe eines Gesprächs fragte er mich, was ich später be-

Titelseite der Broschüre *Das Lenin-Mausoleum*.

ruflich zu tun gedächte. Ich antwortete, ich wolle Biochemiker werden. „Es ist nicht nur wichtig, die chemischen Prozesse im allgemeinen zu untersuchen", bemerkte er daraufhin, „genauso wichtig ist es, diese Prozesse im Gewebe und in den Zellen zu erforschen." Der Zellkern war damals noch weitgehend unerforscht. Wie die Entwicklung der Biochemie später zeigte, ist dieses Forschungsgebiet von großer Bedeutung. Die Ratschläge von Professor Worobjow sollten meine künftige Orientierung stark beeinflussen.

Worobjow war im Gegensatz zu meinem Vater nicht bestrebt, die Gunst der Würdenträger des neuen Regimes zu gewinnen. Die Mitarbeit an der Einbalsamierung Lenins hatte zwar auch ihm Privilegien eingebracht – ein Honorar von 50 000 Rubel und eine Privatwohnung –, doch schien er darauf nicht sonderlich stolz zu sein. Ihn interessierten nur die Wissenschaft und seine Lehrtätigkeit.

Im Jahr 1944, sieben Jahre nach Worobjows Tod, verfaßte mein Vater eine Broschüre mit dem Titel *Das Lenin-Mausoleum*. Infolge dieser Veröffentlichung, die nach zwei Neuauflagen eine Gesamtauflage von 300 000 Exemplaren erreichte, brachte man die Einbalsamierung Lenins in der Öffentlichkeit tendenziell nur noch mit dem Namen Zbarski in Verbindung. Die Rolle Worobjows rückte in den Hintergrund. Das war ziemlich ungerecht, denn die dauerhafte Konservierung des Leichnams war ja seiner Methode zu verdanken. Mir wurde klar, daß mein Vater, der auf diesem Gebiet zuvor ja keinerlei Erfahrung besaß, seine Rolle in dieser Angelegenheit ein wenig übertrieben hatte.

5. Meine Universitätsjahre

„Gesellschaftlich wertvolle und gesellschaftlich minderwertige Studenten"

Im Januar 1934 beschloß die Regierung anläßlich des zehnten Todestags Lenins, die Wissenschaftlergruppe, die mit der Konservierung des Leichnams beauftragt war, um einige junge Wissenschaftler zu erweitern. So kam es, daß Worobjow und mein Vater mir vorschlugen, mit ihnen zusammenzuarbeiten. Ich konnte mich über dieses Angebot zunächst gar nicht freuen, denn ich hatte mich während meiner Universitätsjahre in erster Linie für Grundlagenforschung und nicht für die angewandten Wissenschaften interessiert. Experimente an einem Leichnam reizten mich daher nicht sonderlich.

Mein Eintritt in die Universität im Jahr 1931 fiel mit einer deutlichen ideologischen Verhärtung des Regimes zusammen. Jede Tätigkeit außerhalb des von der Partei vorgeschriebenen Rahmens wurde unterdrückt. Intellektuelle galten per se als „Bourgeois". So mußte innerhalb möglichst kurzer Zeit eine „neue Intellektuellenklasse" geschaffen werden. Nur Arbeiter- und Bauernkinder wurden einer höheren Bildung für würdig erachtet. Ich selbst durfte mich an der Universität nur deshalb einschreiben, weil mein Vater für seine Arbeiten am Leichnam Lenins den Orden „Rotes Banner der Arbeit" erhalten hatte – eine Auszeichnung, die verwaltungsrechtlich der „Herkunft aus der Arbeiterklasse" gleichkam.

Ich erinnere mich, daß mich mein Vater eines Tages zu einer Versammlung am Medizinischen Institut mitnahm, bei der die „Säuberung der Lehrstühle" zur Debatte stand. Im Laufe der Versammlung mußten die Professoren die „Reinheit" ihrer sozialen Herkunft und ihre bedingungslose Hingabe an die Partei beweisen. Alle Anwesenden, auch die Studenten und kleinen Angestellten, hatten das Recht, sie zu befragen und zu kritisieren. So kam es, daß die „gesellschaftlich wertvollen" Studenten die „gesellschaftlich minderwertigen" Professoren der Universität verwiesen. Im Schußfeld standen dabei natürlich vor allem die Professoren, die die schlechtesten Noten vergaben.

Ich betrat die Fakultät für Chemie an der Universität Moskau also in einer Zeit, als der Lehrbetrieb völlig umgekrempelt wurde. Kaum hatte ich mich eingeschrieben, da erfuhr ich, daß die Fakultät in Kürze in ein Institut für Chemie umgewandelt werden sollte, dessen Funktion in der Ausbildung nützlicher Spezialisten für die sozialistische Wirtschaft bestand. Fächer wie organische und physikalische Chemie sollten folglich verschwinden.

Das neue Institut erhielt den Auftrag, Ingenieure für die Herstellung von Schwefelsäure, Polymeren, Anilinfarben und dergleichen auszubilden. Ich hingegen hatte nur eines im Sinn: meine Kenntnisse der Chemie zu vertiefen. „Unser Land braucht keine Chemiker", lautete die lakonische Antwort. Als ich dies hörte, konnte ich nicht umhin, an den Richter während der Französischen Revolution zu denken, der Antoine Lavoisier zum Tode verurteilt hat. Auf die Bemerkung eines Beisitzers, Lavoisier sei ein großer Gelehrter, versetzte der Richter, ohne mit der Wimper zu zucken: „Die Republik braucht keine Gelehrten."

Unterdessen rollten in unserem Land weiterhin Köpfe. Seitenlang verbreiteten sich die Zeitungen über „Saboteure", die für sämtliche Mißstände verantwortlich gemacht wurden. Im Jahre 1928 fand der sogenannte „Schachty-Prozeß" statt. Er endete mit der Verurteilung von 53 Ingenieuren aus den Steinkohlebergwerken des Donez-Beckens. Die Anklage lautete auf Sabotage im Auftrag eines „Komitees von Kaufleuten und Industriellen", bestehend aus den ehemaligen Eigentümern, die nach

Frankreich emigriert waren. Elf Angeklagte wurden erschossen.

Ende 1930 sorgte ein weiterer Prozeß für großes Aufsehen. Der Anklage zufolge hatte eine mutmaßliche „Industriellen-Partei" unter der Leitung des französischen Generalstabs die gesamte Sowjetunion mit einem weitverzweigten Netz an Stützpunkten überzogen. Ihr Ziel: die Restauration des Kapitalismus durch eine koordinierte Intervention der imperialistischen Mächte.

Zur gleichen Zeit erlebte ich an der Universität die nächste unangenehme Überraschung. Da der Fachbereich Chemie abgeschafft war, beschloß ich, mich in Biologie einzuschreiben. Doch wie groß war meine Enttäuschung, als ich erfuhr, daß auch dieses Fach verschwunden war! Nur das botanische und die zoologische Abteilung hatten überlebt. Aber auch hier mußte ich alle Hoffnung aufgeben: Biologie, Physiologie und Zoologie waren vom Lehrprogramm gestrichen, denn auch diesen Fächern sprach man jeden Nutzen für den Aufbau des sozialistischen Staats ab. Die Zoologie zum Beispiel wurde zur „Jagdwissenschaft" umgewidmet, die Entomologie zur „Parasitenbekämpfung", die Ichthyologie zur „Fischerei-Industrie", und so ging es weiter. Nur ein Lehrstuhl fand vor meinen Augen Gnade: das „Institut für physikalische und chemische Biologie". Es war das einzige, das die Partei noch nicht hatte absägen können. Ich beschloß, mich hier einzuschreiben.

Unsere Lehrzeit an der Universität begann mit einer militärischen Ausbildung. Die 300 männlichen Studenten unserer Abteilung erhielten den Befehl, sich in einem Trainingslager am Stadtrand von Moskau einzufinden. Die meisten gehörten zu jener „Intellektuellenklasse der Zukunft", die das Regime so dringend benötigte. Die Einschreibung in eine angesehene Abteilung für Mechanik war ihnen aufgrund unzureichender Mathematikkenntnisse verwehrt. Die Mehrzahl konnte überhaupt keine Gymnasialbildung vorweisen. Manche waren nicht einmal in der Lage, mit ihrem Namen zu unterschreiben.

Nach Beendigung unserer militärischen Ausbildung mußte ich einmal mehr feststellen, daß auch das Spezialgebiet „physikalische und chemische Biologie" verschwunden war. So wich ich schließlich auf „Arbeitsphysiologie" aus. Zu meinem Glück wurden zumindest in diesem Fachbereich noch die Grundlagenwissenschaften Mathematik, Chemie und Physik unterrichtet. Gleichwohl waren 40 Prozent des Lehrplans politischen Fächern gewidmet, darunter die Geschichte der Partei, Politische Ökonomie, Ökonomie des Sozialismus, Historischer Materialismus, Dialektischer Materialismus und Dialektik der Natur.

Diese Fächer waren mir zuwider. Bei einer Prüfung in Historischem Materialismus fragte mich der Rektor der Moskauer Universität, welche Rolle die deutsche Sozialdemokratie bei der Machtübergabe an Hitler gespielt hätte. Ich antwortete, sie habe nichts unternommen, um sich der braunen Flut entgegenzustellen. Ich fiel durch. Die richtige Antwort lautete: „Die Sozialdemokraten halfen den Faschisten nach Kräften, die Macht zu ergreifen."

Die sowjetischen Machthaber förderten in erster Linie die technischen Lehrinstitute. Die nunmehr für zweitrangig erachteten Universitäten verfügten nicht mehr über ausreichende Mittel, um ihre Räumlichkeiten instandzuhalten. Unsere Fakultät, die in einem alten Gebäude der Anfang des 19. Jahrhunderts erbauten Universität von Moskau untergebracht war, bildete dabei keine Ausnahme. Der Fußboden der Vorlesungsräume war staubig, von den Wänden blätterte der schmutzigweiße Putz ab, und von der Decke hingen große Spinnweben herab. Die Heizung war ebenfalls ausgefallen. Im Winter folgten wir den Vorlesungen eingemummt in dicke Wollpullover. Eines Tages ging in unserem Vorlesungssaal plötzlich das Licht aus. Da es in der Universität keine Ersatzbirnen gab, ergriff ich die Initiative und schraubte im Raum nebenan eine aus. Wir setzten den Unterricht fort, als nach einer Viertelstunde der Professor für Vergleichende Anatomie hereinplatzte und schrie: „Die Studenten der Universität Moskau stehlen also Glühbirnen. Das ist ja reizend!" Niemand machte auch nur einen Mucks – zu meinem Glück. Unverrichteter Dinge verließ der Professor den Raum und schlug die Tür hinter sich zu.

Die Gehirnwäsche, der man uns unterzog, schien keine Grenzen zu haben. Dreimal in der Woche mußten wir den untergeordneten Universitätsangestellten Unterricht in Parteigeschichte erteilen. Als weitere Strafarbeit kamen die endlosen Versammlungen der kommunistischen Jugendorganisation „Komsomol" hinzu. Als Schüler hatte ich davon geträumt, einmal ein „Komsomol" zu werden. Die Mitglieder der kommunistischen Jugendorganisation, die unaufhörlich die Weisheiten der Machthaber nachbeteten, sahen einer glänzenden Zukunft entgegen. Doch trotz all meiner Bemühungen – ich hatte das Programm und die Organisationsstatuten auswendig gelernt – nahm man mich anfangs nicht auf: Meine Manieren waren anscheinend nicht „volksnah" genug. Erst ein Jahr später wurde ich als „Anwärter" zugelassen.

Die Lehrmethoden an der Universität erfuhren tiefgreifende Veränderungen. Im zweiten Studienjahr wurden die Studenten in „Brigaden" eingeteilt. Jede Brigade bestand aus drei bis fünf Mitgliedern. Täglich zwischen 8 und 14 Uhr waren wir gehalten, „in Brigade" zu studieren. Da die Mitglieder meiner Brigade so gut wie keine Kenntnisse besaßen, widmete ich meine Vormittage der Aufgabe, sie zu unterrichten. Ich erinnere mich, wie ich einem von ihnen vier Stunden lang eine simple Formel der physikalischen Chemie erklärte. Es handelte sich um das Ostwaldsche Verdünnungsgesetz. Ich bemühte mich vergeblich. Immer wieder fragte er mich, was dieses „Alpha" bedeute, von dem er offenkundig zum erstenmal hörte. Ich sagte mir, vielleicht hat er in der Schule ja nie Algebra gehabt. Und so war es denn auch. Er hatte ebenso wie seine Mitstudenten nur vier Grundschuljahre absolviert.

Ab 14 Uhr hatten wir zwei Stunden Zeit zum Mittagessen. In den anschließenden Seminaren, die bis 22 Uhr dauerten, fragte der Professor die Studenten wie ein Schulmeister ab. Nach 22 Uhr stand „gesellschaftliche Arbeit" auf dem Plan. Auch sie war, wie es sich gehört, Pflicht und unentgeltlich. Wir wurden in den Lehren des Marxismus-Leninismus unterrichtet und hatten unsere Gemeinschaftsunterkunft zu reinigen.

Ein bis zwei Monate pro Jahr mußten wir Studenten auf den Sowchosen (Staatsgüter) und Kolchosen (dörfliche Kooperativen) arbeiten. Endlos zogen sich die Tage der Kartoffelernte hin. Unsere kümmerliche Kost bestand in einem Glas Milch und einem Stück Schwarzbrot, immerhin ein deutlicher Fortschritt im Vergleich zu dem widerlichen Fraß, den wir in Moskau vorgesetzt bekamen.

Sonntags war *Subbotnik** (kommunistischer Samstag). Wir arbeiteten am Bau der U-Bahn oder verlasen Obst und Gemüse. Die U-Bahn ist zu einem Gutteil das Werk von Studenten und Angestellten, die zu Erdarbeiten und zum Steineschleppen herangezogen wurden. Die Pracht der U-Bahnstationen stand in auffälligem Kontrast zur elenden Lage der Moskauer Bevölkerung.

Das Aussehen der Hauptstadt hatte sich seit Ende der zwanziger Jahre stark verändert. Die einst gepflasterten Straßen waren asphaltiert worden. An die Stelle von Pferdefuhrwerken für den Waren- und Personentransport traten nach und nach Automobile. Ladenschilder wie *Pariser Mode*, *Römisches Café* oder *Wiener Feingebäck* mußten Schildern mit der prosaischen Aufschrift „Brot", „Fleisch" oder „Obst und Gemüse" weichen. Die Kleidung hatte sich proletarisiert: Die Männer hatten den dreiteiligen Tweed-Anzug und den Hut gegen eine Schirmmütze und eine Arheiterkluft aus gefütterter Baumwolle getauscht, die Frauen ihre lästigen Mieder und ihre breitkrempigen Hüte gegen khakibraune Röcke und weiße Kopftücher. Das Zentrum war eine einzige Baustelle. Das Kloster am Puschkin-Platz wurde ebenso dem Erdboden gleichgemacht wie 80 Prozent der 600 Kirchen, die die Stadt vor der Revolution zählte; die alte Mauer am Lubjanskaja-Platz mußte einem imposanten U-Bahneingang weichen, der majestätische Sucharewskaja-Turm wurde unter dem Vorwand, er behindere den Verkehr, abgerissen. Kalte Hochhausklötze beherrschten allmählich das Stadtbild. Ein Bilderbuch über die „großen sozialistischen Errungenschaften" feierte die Zerstörung einer herrlichen Barockkathedrale, an deren Stelle das „Haus der Bauerngewerkschaft", eine Art Mähdrescher aus Beton, errichtet wurde, gar als Fortschritt. Das Leben hatte allen Glanz verloren, und lange Zeit noch trauerte ich dem alten Moskau nach.

Die Arbeitsbedingungen an der Universität gestalteten sich immer unerträglicher. Ich war noch jung und unerfahren, und so sagte ich schließlich offen heraus, was ich auf dem Herzen hatte. „Die Brigade", erklärte ich meinen Mitstudenten, „hindert mich an der Arbeit." Woraufhin man mich ausgiebig beschimpfte. Nur einer ergriff meine Verteidigung. Wie er mir später anvertraute, wäre ich ohne sein Eingreifen wahrscheinlich der Universität verwiesen worden.

Jede kritische Äußerung über die Institutionen wurde mit aller Härte unterdrückt. Die mildeste Bestrafung lautete Ausschluß von der Universität, die gängigste: Verhaftung. Jede Versammlung von mehr als zwei Personen wurde mit dem größten Argwohn beobachtet. Denunziantentum war an der Tagesordnung. Mein Freund – jener junge Mann, der mir nach meiner unglücklichen Bemerkung über die Brigaden aus der Patsche geholfen hatte – sollte dies am eigenen Leib erfahren. Er wurde wegen der „Zartheit" seiner Hände denunziert, die eine „nichtproletarische Herkunft" verrieten. Wissenschaftlich interessierte Studenten wiederum machten sich einer anderen schrecklichen Sünde namens „Akademismus" schuldig.

Schließlich mußten auch die leitenden Funktionäre des Bildungswesens erkennen, daß die Methode des Brigade-Unterrichts völlig ineffektiv war. Zwei Jahre hatte das unglückselige Experiment gedauert, aber nun beschloß man, das alte Vorlesungs- und Prüfungswesen wieder einzuführen. Sämtliche Studenten, Professoren und Dekane stimmten dafür und prangerten die Brigade-Methode nun mit derselben Verve an, mit der sie diese noch kurz zuvor verteidigt hatten.

Die Lebensumstände der Studenten verschlechterten sich zunehmend. Am besten ging es noch den Angehörigen der Arbeiter- und Bauernschicht. Doch reichte auch ihr Stipendium von monatlich 30 Rubel nicht aus, um anständig leben zu können. Ihre Kleider waren an Ellbogen und Knien durchgescheuert, ihre Schuhe durchlöchert. Die meinen bildeten da keine Ausnahme. Ich konnte die Löcher noch so sehr mit Zeitungspapier zustopfen, es half nichts. An Regentagen zog ich mir stets einen gewaltigen Schnupfen zu.

In den Jahren 1931 und 1932 bekamen die Studenten der Zoologischen Abteilung, an der ich studierte, nicht mehr als 200 Gramm Brot am Tag. Die Studenten der angeseheneren Fakultät Mechanik und Mathematik erhielten 400 Gramm. Außer Brot hatten wir praktisch nichts zu essen.

Das Mensaessen war ein widerlicher Mischmasch, verschämt „Ersatznahrung" genannt. Da wir sie tagein tagaus hinunterwürgen mußten, litten wir dauernd an Magenschmerzen. Die „Ersatznahrung" bestand aus einer Art Kroketten aus verfaulten Kartoffeln und verdorbenem Fleisch, was eine Menge Hungerleider nicht hinderte, sich über unsere Teller herzumachen, nachdem wir unsere Mahlzeit beendet hatten. Nach dem Essen tranken wir einen Kräutertee unbekannter Herkunft. Der Löffel, mit dem wir dieses merkwürdige Gebräu umrührten, war mit einer Kette am Samowar befestigt.

Im dritten Studienjahr durfte ich meine Ferien im Sanatorium von Gelendshik am Schwarzen Meer verbringen. Drei Tage lang genoß ich das wohltuende Baden im Meer. Am vierten Tag erfuhren wir, daß die Gewerkschaft unserer Universität mehr Studenten geschickt hatte, als Plätze zur Verfügung standen, und folglich nur die „gesellschaftlich wertvollen" Studenten bleiben dürften. Zu meiner großen Enttäuschung stellte ich fest, daß mein Name auf der Liste der „minderwertigen Studenten" stand. Ich hatte 24 Stunden Zeit, um zu packen. Meine Ferien am Meer hatten kaum begonnen, da waren sie auch schon zu Ende.

Ich erinnere mich noch an den Tag, als die Dekanin unserer Universität eine Versammlung des gesamten Zoologischen Instituts einberief und uns verkündete, daß allen Studenten ab dem dritten Studienjahr das Stipendium gestrichen werde und nur noch die Angehörigen der „wertvollen Unterrichtsstufen", das heißt des ersten und zweiten Studienjahrs, einen Anspruch darauf hätten. Keiner sagte ein Wort. Bis auf einen gewissen Gololobow, der im dritten Jahr studierte und erklärte, er, Sohn eines Arbeiters und selbst Arbeiter, habe in diesem Fall nicht mehr genug zum Leben. Aber wie reagierte da die Versammlung? Sämtliche Anwesenden, allen voran die Dekanin, beschimpften ihn als „Klassenfeind". Gololobow wurde umgehend der Universität verwiesen, und noch lange Zeit danach war in abfälliger Weise von Gololobow und dem „Gololobowismus" die Rede.

Mein Leben an der Universität war, wie man sieht, kein Honigschlecken. Nach reiflicher Überlegung gelangte ich zu dem Schluß, es sei wohl das Beste, das Angebot meines Vaters anzunehmen und der Wissenschaftlergruppe beizutreten, die mit der Konservierung von Lenins Leichnam beauftragt war. Diese Arbeit verschaffte mir nicht nur ein Einkommen, sondern auch die materiellen Mittel zur Fortsetzung meiner wissenschaftlichen Forschungen. Ich hatte damals auf dem Gebiet der Einbalsamierung zwar keinerlei Erfahrung, aber da ich einiges über die Tätigkeit von Worobjow und meinem Vater wußte, begann ich die Geschichte der Mumien im alten Ägypten und in anderen Ländern zu studieren. Dabei stellte ich fest, daß die Mumifizierung von Leichen kein zeitgenössischer Brauch ist. In den Anden, bei den Guanchen auf den Kanarischen Inseln, in Australien, Japan, China und in den phönizischen Kolonien waren verschiedene Methoden zur Konservierung von Mumien entwickelt worden. Ihren Höhepunkt erreichte diese Kunst jedoch im alten Ägypten. Die Einbalsamierungsprozedur war dort stets mit einem heiligen Ritual verknüpft und oblag einer arbeitsteilig organisierten Kaste von Einbalsamierern. Der „Paraschit" brachte an der linken Seite des Toten einen Einschnitt an. Danach mußte er im Laufschritt das Haus verlassen, um der wütenden Menge zu entkommen, die sich über diese Schändung der heiligen Überreste des Verstorbenen empörte und ihn mit Steinen bewarf. Nun betrat ein weiterer Einbalsamierer, der „Taricheut", die Bühne. Er entfernte die Eingeweide des Toten, legte sie in ein spezielles Gefäß und warf es, während er mit einem Gebet die Frömmigkeit des Verstorbenen rühmte, vom linken Ufer aus in die Fluten des Nil.

Diese heilige Handlung erregte in mir ein mystisches Gefühl. In der Bezeichnung „Paraschist" schwang etwas von einer Freveltat mit. Bei der Lektüre hatte ich bisweilen den Eindruck, selbst einer dieser Magier zu sein. Als ich meine Arbeit im Mausoleum begann, träumte ich davon, eine Art Roman über unser Team zu schreiben, mit dem Titel *Die Paraschiten.* Doch schon bald mußte ich einsehen, daß auch die Arbeit an Lenins Leichnam eine Routinetätigkeit war und sich weit prosaischer gestaltete, als ich mir vorgestellt hatte.

Von Lenin ...

Millionen Menschen kamen, um sich vor dem einbalsamierten Gründer der UdSSR zu verneigen.

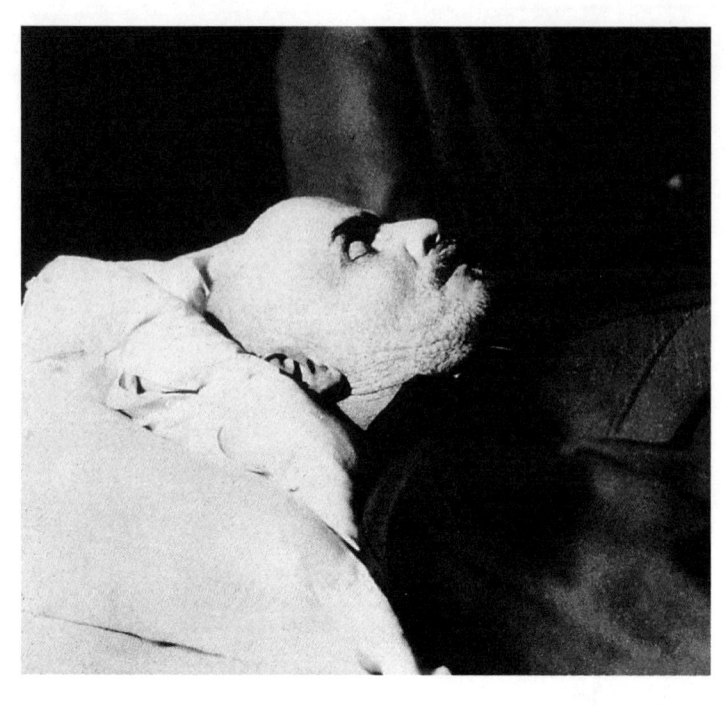

Lenin auf dem Sterbebett in Gorki am 22. Januar 1924.

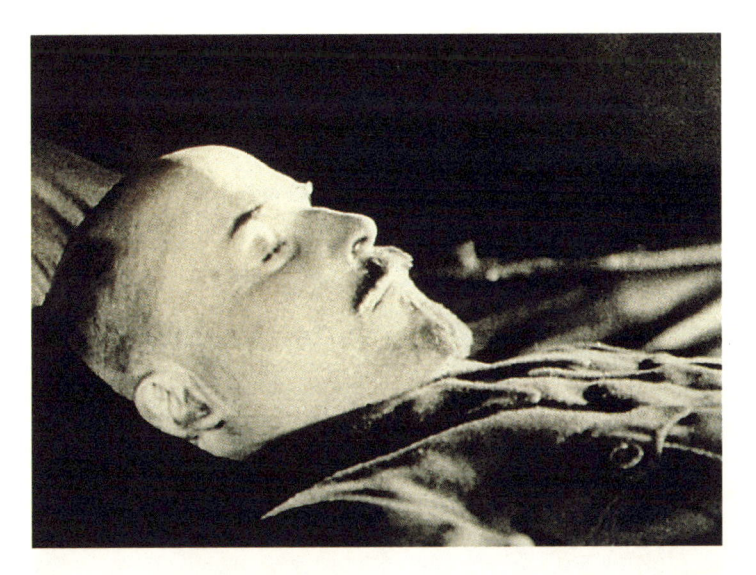

Lenins Leichnam sechs Monate nach Vollendung der Einbalsamierungsarbeiten Ende Juli 1924.

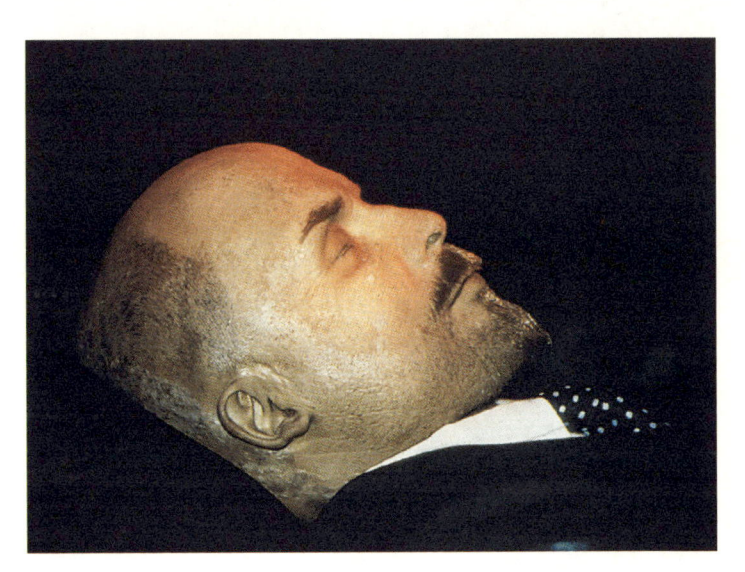

Der tatsächliche Zustand von Lenins Leichnam (Blitzlichtaufnahme). Anders, als eine hartnäckige Legende behauptet, wurde der Leichnam bis zum heutigen Tag zur Gänze erhalten.

... zur Mafia

Fast 3 m hoher Grabstein für einen örtlichen Gangster auf einem Friedhof von Uralmasch, einem Stadtviertel im Norden von Jekaterinburg

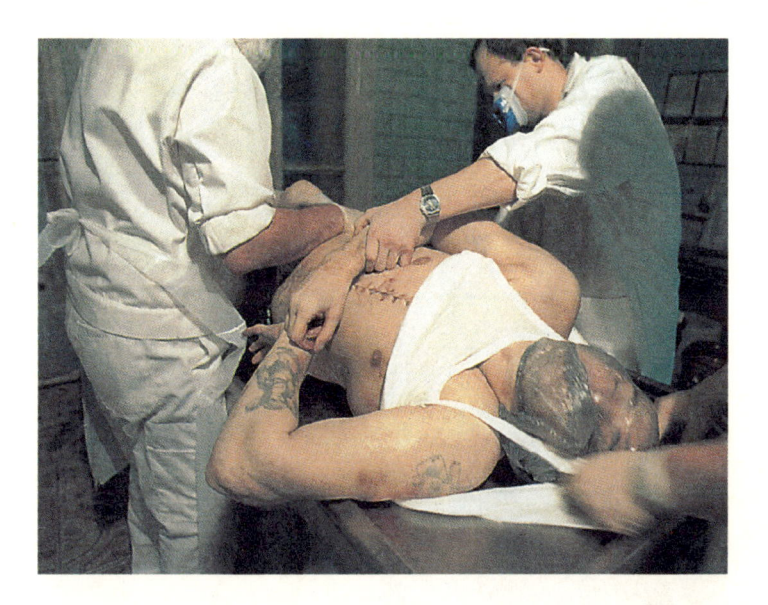

Ein Einbalsamiererteam kleidet die sterblichen Überreste eines russischen Gangsters an.

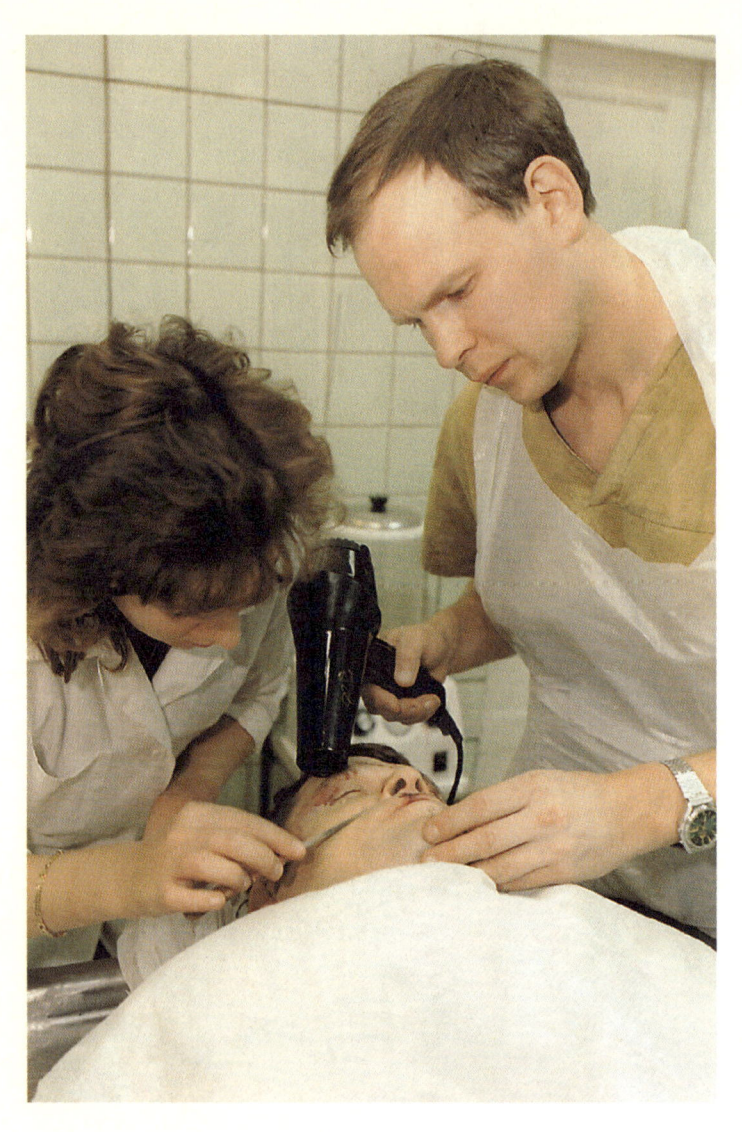

Nachdem das Einschußloch im Gesicht mit Haut von einem Bein abgedeckt und vernäht wurde, tragen zwei Kosmetiker Schminke auf, um den Gangster für die Begräbnisfeierlichkeiten „herzurichten".

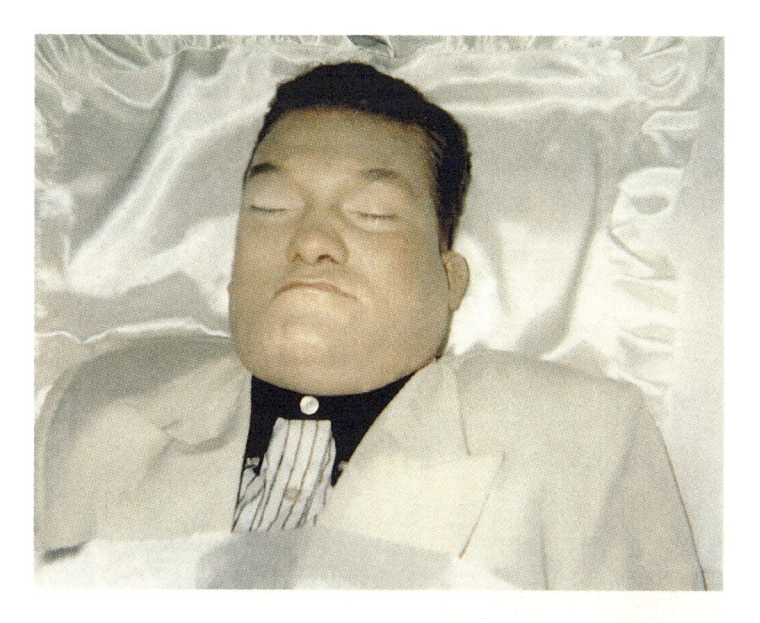

Dieser russische Neureiche wurde in dem Laboratorium einbalsamiert, das Lenins Leichnam betreut.

Alexander Sachanow, Designer eines Sargs aus Kristallglas. Kostenpunkt: 20 000 Dollar.

Begräbnis des Paten Otari Kwantraschwili, ehemaliger Chef des *21. Jahrhunderts*, eines Vereins von Geschäftsleuten, der nach einem neueren Bericht des FBI Beziehungen zu russischen Verbrechenrsyndikaten in den Vereinigten Staaten unterhält.

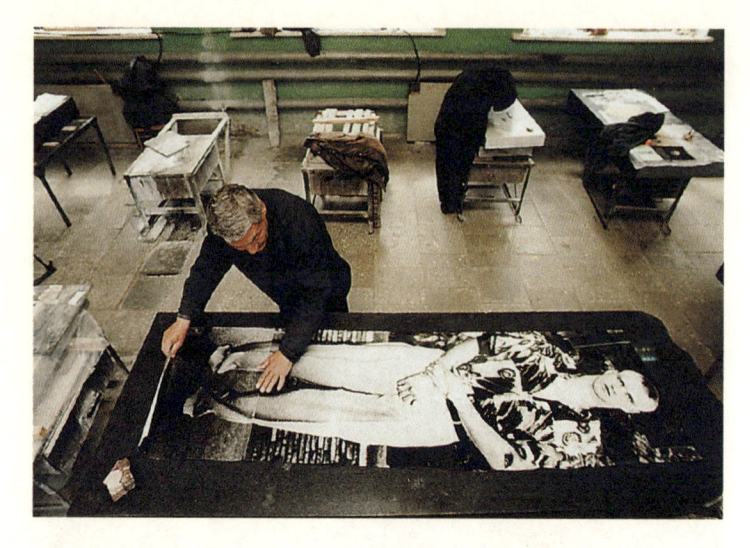

Ein Arbeiter einer Grabsteinwerkstatt von Jekaterinburg überzieht einen Stein mit dem überlebensgroßen Porträt von Wladimir Shuldibin, einem russischer Gangster, der 1995 im Alter von 27 Jahren ermordet wurde. Das Bild wird anschließend in den Stein eingraviert.

Friedhofsarbeiter setzen den drei Meter hohen Grabstein auf das Grab von Wladimir Shuldibin. Vor dem Grab überwacht der dunkel gekleidete Auftraggeber des 12 000 Dollar teuren Steins die Arbeiten. Seine Silhouette scheint sich auf dem Grabstein seines im Kugelhagel einer rivalisierenden Gang gefallenen Waffenbruders widerzuspiegeln.

Im Beisein der Angehörigen des Verstorbenen, seiner Waffenkameraden und einiger Einwohner von Jekaterinburg segnen drei Popen das Grabmal von Wladimir Shuldibin.

Gräber der *Uralmasch*-Gang, die als die mächtigste von ganz Rußland gilt. Der blutige Krieg, den sich drei Gruppen des organisierten Verbrechens in Jekaterinburg liefern, hat bereits zahlreichen Anführern das Leben gekostet. *Uralmasch* soll in den vergangenen fünf Jahren sieben ihrer Chefs verloren haben, *Centralny*, die andere mächtige Gang der Stadt, hingegen fünf. Gegenstand der bewaffneten Auseinandersetzungen ist die Kontrolle des regionalen Handels und der illegalen Ausfuhr von Metallen und Edelsteinen aus dem Uralgebirge – ein milliardenschweres Geschäft.

Mitglieder einer Gang von Jekaterinburg, alle jünger als 35 Jahre, versammeln sich um das Grab eines gefallenen Waffenbruders. Ihre BMWs, Mercedes und Jeep Cherokee haben sie am Friedhofseingang geparkt. Es ist Brauch, zweimal im Jahr, am Geburts- und am Todestag des Kameraden, an seinem Grab zu tafeln.

Wagit Alekperow, Präsident der größten russischen Erdölgesellschaft *Lukoil*, hat sich in Kasachstan ein Mausoleum in Form einer Miniaturausgabe des Tadsch Mahal errichten lassen. Das Grabmal soll seinen Eigentümer die Kleinigkeit von 250 000 Dollar gekostet haben.

Das Grab von W. Kolotoi, einem der Führer von Sinnije (die Tätowierten), der drittgrößten Gang von Jekaterinburg. Dieser Grabstein ist bezeichnend für die Mentalität der russischen Mafia. Der im Kugelhagel gefallene Pate bricht die Gitterstreben seines Gefängnisses auf, um einen Adler, Symbol der Freiheit, freizulassen.

6. Meine erste Zeit am Mausoleum

„Der Mann schläft nur"

Als ich in meiner Eigenschaft als Assistent von Professor Worobjow und meinem Vater im Januar 1934 zum erstenmal das Mausoleum betrat, war ich überwältigt von der Feierlichkeit des Ortes. In der Mitte eines in Halbdunkel getauchten Raumes erblickte ich Lenins Katafalk. Die imposante Bronzearbeit bestand aus einem Unterteil, das mit gegossenen Standarten geschmückt war, und einer konisch geformten Haube. Im Inneren des Behältnisses konvergierten dünne Bündel weißlichen Lichts auf dem Gesicht und den Händen des Toten. Als wir uns um den Sarkophag aufstellten, hörte ich das Geräusch eines elektrischen Aufzugs. Langsam hob sich die Glashaube, die an den vier Ecken des Katafalks auf einer kolbenartigen Vorrichtung lagerte. Wir faßten den Leichnam an Schultern und Beinen und legten ihn auf einen fahrbaren Operationstisch. Gleich darauf öffnete sich eine schwere eiserne Flügeltür, und wir schoben den Leichnam in den Raum nebenan, dessen weiß gekachelte Wände man zuvor mit Alkohol und Antiseptika gesäubert hatte.

Der Konservierungsvorgang gestaltete sich wie folgt. Zunächst nahmen wir Jacke und Hose ab, die auf der Rückseite des Leichnams mit Schnüren zusammengebunden waren. Als ich Lenins Arme ergriff, bemerkte ich beim Berühren der Haut, deren fahles Weiß einen Stich ins Gelbliche aufwies, daß sie ihre ursprüngliche Beweglichkeit bewahrt hatten. Ein unangenehmes Gefühl überkam mich. Dabei hatte ich im Laufe meiner Universitätsjahre schon häufiger mit Leichen hantiert, ohne daß mich dies im geringsten berührt hätte. Merkwürdig, daß es mir beim Leichnam Lenins anders erging. Erst als ich das Mausoleum wieder verlassen hatte, verstand ich den Grund für meinen Widerwillen: Lenin war keine gewöhnliche Leiche, sondern das verehrte oder verhaßte Symbol einer ganzen Nation.

Seit 1924 gingen Professor Worobjow und mein Vater regelmäßig ins Mausoleum, um Lenins Gesicht und Hände zu inspizieren – die einzigen Körperteile, die die Besucher zu sehen bekamen. Diese Arbeit, die zweimal wöchentlich stattfand, verlief insgesamt ziemlich routinemäßig. Sie bestand darin, die Haut mit „Balsam" zu bestreichen, um jedes Risiko einer Austrocknung oder Fleckenbildung auszuschließen. Weitaus heikler war die Generalüberholung des Leichnams. Für diese Arbeiten, die ungefähr alle 18 Monate anstanden, wurde das Mausoleum für das Publikum geschlossen. Unter seiner Uniform ist Lenin mit Gummibinden umwickelt. Unter diesen „Anzug" spritzte man „Balsam", um die Haut des Leichnams ständig feucht zu halten. Die Binden wurden nun abgenommen und der Leichnam in eine große Glaswanne gelegt, die mit einer Mischung aus Glyzerin und Kaliumazetat gefüllt war. Diese als „Balsam" bezeichnete Lösung war 1924 von Professor Worobjow entwickelt worden.

Die erste Konservierung, die wie gesagt einen Tag nach Lenins Tod stattfand, war dem Zustand des Leichnams kaum zuträglich. Sie wurde nach der damals am weitesten verbreiteten Methode vorgenommen. Der Pathologe A. I. Abrikossow hatte einfach eine Lösung aus 30 Teilen Formalin, 20 Teilen Alkohol, 20 Teilen Glyzerin, 10 Teilen Zinkchlorid und 100 Teilen Wasser in die Aorta des Toten gespritzt. Diese Mischung sollte den Leichnam bis zu den Trauerfeierlichkeiten, die fünf Tage später stattfanden, konservieren.

Wegen dieser ziemlich primitiven Vorgehensweise und der endlosen Diskussionen zwischen Politikern und Wissenschaftlern über die beste Konservierungsmethode (siehe Kapitel 2) hatte sich der Zustand des Leichnams so weit verschlechtert, daß ernsthaft erwogen wurde, Lenin zu beerdigen. Seine sterblichen Überreste hatten einen gelblichen Farbton angenommen, der um die Augenhöhlen, die Nase, die Wangen und die Ohren ins Erdfarbene hinüberspielte. Auf den Frontal- und Parietallappen war ein pergamentartiger rotbrauner Fleck aufgetreten. An der Stelle, wo man den Schädel zur Entnahme des Gehirns geöffnet hatte, war die Haut einen Zentimeter breit eingesunken. Das Gehirn wurde ja in einem eigens zu diesem Zweck gegründeten Institut erforscht. Die Nasenspitze war mit dunklen Pigmentpunkten übersät, und die Nasenflügel hatten nur noch die Dicke eines Blatt Papiers. Die Augen waren leicht geöffnet und eingefallen. Auch die Lippen klafften leicht auseinander und ließen die Zähne des Toten deutlich sehen. Auf den Händen waren braune Flecken aufgetreten, und die Fingernägel hatten einen bläulichen Ton angenommen.

All diese Einzelheiten wurden von einer Sonderkommission, die vor Beginn der zweiten Einbalsamierung einen Bericht über den Zustand des Leichnams anfertigen sollte, sorgfältig aufgezeichnet. Bei dieser Gelegenheit ersuchte mein Vater den Bruder von Boris Pasternak, den Architekten Alexander Pasternak, die Farbe von neun verschiedenen Körperpartien des Leichnams in Aquarell festzuhalten. Worobjow wollte den ursprünglichen Farbton des Toten dokumentieren, weil er nicht gedachte, allein die Verantwortung für den Verfall des Leichnams zu übernehmen, falls die Einbalsamierungsarbeiten mißlingen sollten.

So konnten sich Professor Worobjow, seine Assistenten Arnold Schabadasch, Alexander Jurawlew und Jakow Samkowski sowie der Anatomieprofessor Petr Karusin und mein Vater am 26. März 1924, rund zwei Monate nach Wladimir Iljitschs Tod, endlich ans Werk machen. Ort der Arbeiten, die nach Schätzungen von Worobjow vier Monate beanspruchen würden, war das kalte, düstere Gewölbe unter dem provisorischen Mausoleum.

Mein Vater erzählte mir später, daß der Anblick des teilweise verfallenen Leichnams, der von ihm ausgehende Verwesungsgeruch und die ungeheure Verantwortung, die auf den Schultern der Einbalsamierer lastete, einen nachhaltigen Eindruck auf ihn machten. Nun da er, der kein Mittel gescheut hatte, Worobjow in dieses Abenteuer zu stürzen, dem Toten gegenüberstand, wußte er mit seinen Händen nichts mehr anzufangen. Er hatte bisher noch nie mit Leichen experimentiert. Worobjow hingegen war ganz in seinem Element. Er zog zunächst die Knopfnähte an Kopf und Brustkasten, die nach der Autopsie angebracht worden waren. Anschließend entfernte er Lunge, Leber, Galle sowie die übrigen Eingeweide und ordnete an, den Brustkasten mit destilliertem Wasser gründlich auszuspülen. Er fixierte das Gewebe mit Formalin (Formaldehydlösung), ein starkes Antiseptikum, das zugleich die Autolyse verhindert. Gesicht, Hände und Rumpf wurden mit Wattetupfern belegt, die mit einer einprozentigen Formaldehydlösung durchtränkt waren. Die Hohlräume des Toten wurden mit Essigsäure gereinigt, die weichgewordenen Gewebestellen mit Formaldehyd aufgespritzt. Da die Außentemperaturen Ende März unter dem Gefrierpunkt lagen – zu niedrig für die Anfertigung anatomischer Präparate –, ließ Worobjow im Gewölbe Heizkörper aufstellen, um die Temperatur auf 16 Grad zu erhöhen.

Anschließend kam der Leichnam in ein dreiprozentiges Formaldehydbad. Eine gewöhnliche Metallwanne war nach Worobjows Ansicht dafür nicht geeignet; eine eisenhaltige Oberfläche könne sich auf das Lösungsgemisch negativ auswirken. Nur mit einer Glaswanne lasse sich dieses Risiko ausschließen. Fieberhaft stellte die GPU in allen Laboratorien der Hauptstadt Nachforschungen an, doch schließlich mußte man einsehen, daß es im ganzen Land keine solchen Wannen gab. Dzershinski wollte sich darum kümmern, innerhalb von 24 Stunden eine Glaswanne anfertigen zu lassen. Er bestellte den Genossen Kurotschkin zu sich, der eine kleine Glaserei betrieb. „Unter den gegebenen Produktionsvoraussetzungen", äußerten der Handwerksmeister, „ist es unmöglich, in so kurzer Zeit eine solche Wanne herzustellen."

Worobjow faßte daraufhin die Verwendung einer Wanne aus Gummi ins Auge. Dzershinski suchte selbst eine Gummifabrik am Stadtrand von Moskau auf. Doch wie groß war seine Enttäuschung, als er feststellte, daß nicht ein einziger Arbeiter an diesem Tag – es war ein Samstag – arbeitete! Nachdem der GPU-Chef das ganze Stadtviertel zusammengetrommelt hatte, bekam er schließlich den Fabrikleiter zu fassen und befahl ihm, Fabrikalarm auszulösen. Die im Umkreis wohnenden Arbeiter glaubten an einen Brand und liefen herbei. Fassungslos vernahmen sie die Anordnung des Chef der Staatspolizei, umgehend eine Gummiwanne herzustellen. Der Befehl wurde auf der Stelle ausgeführt.

Am folgenden Montag konnte man Lenin endlich in seine Gummiwanne legen. Durch die viskose Flüssigkeit sah er wie ein merkwürdiges Meeresgeschöpf aus. Die Einbalsamierer arbeiteten praktisch ohne Unterbrechung; ihre Augen, Nasen und Bronchien waren durch die schädlichen Formalindämpfe gereizt. Sie gönnten sich kaum Schlaf und konnten sich kaum noch auf den Beinen halten. Dzershinski wurde über ihren Erschöpfungszustand informiert und bestellte meinen Vater zu sich. „Wenn Sie so weitermachen", erklärte der Chef der GPU, „werden Sie unmöglich durchhalten!" Mein Vater antwortete, der Leichnam müsse ständig beaufsichtigt werden. Dzershinski versprach, alles Nötige zu veranlassen, damit sich zwei Wissenschaftlergruppen regelmäßig ablösen konnten und jeder ein Minimum an Schlaf bekam. Kaum drei Stunden nach diesem Gespräch stellten einige Arbeiter und Ingenieure auf dem Roten Platz einen Straßenbahnwagen für uns auf, der mit Betten, elektrischen Heizkörpern und allem möglichen Geschirr ausgestattet war.[1]

Das Formalinbad zeitigte nicht die erhofften Resultate; das Gewebe hatte nicht genügend Flüssigkeit aufgenommen. Weitere Einschnitte in Haut und Muskeln wurden unumgänglich, obgleich Professor Worobjow diesem Vorgehen mit Angst entgegensah. Man könnte ihm später ja vorwerfen, er habe den heiligen Corpus des Führers des Weltproletariats entstellt. Daher bat er die Professoren V. N. Rosanow und B. S. Weissbrod, die die Einbalsamierung von Staats wegen überwachten und kontrollierten, um ihre Zustimmung. „Ich habe nicht Angst um den Toten, ich fürchte für die Lebenden", sagte Rosanow mit banger Stimme.

Worobjow nahm schließlich all seinen Mut zusammen, griff zum Skalpell und nahm an Bauch, Schultern, Oberschenkeln, Rücken, Handflächen und Fingerkuppen mehrere Einschnitte vor. Unterdessen änderte man auch die Zusammensetzung des Bades; es enthielt nun 20 Prozent Alkohol. Dieser hat die besondere Eigenschaft, die Durchlässigkeit der Haut zu erhöhen und ihren Farbton zu verbessern. Sechs Tage später erhöhte man die Alkoholkonzentration auf 30 Prozent und fügte darüber hinaus 20 Prozent Glyzerin hinzu. Zwei Wochen lagerte der Leichnam in dieser Lösung. Anschließend wurde er in eine Mischung aus Glyzerin und Wasser gelegt. Nach und nach gewann das Gewebe seine Elastizität zurück. Nun wurde gläserweise Kaliumazetat in das Bad gekippt. Ende Juni enthielt es nicht weniger als 240 Liter Glyzerin, 110 Kilogramm Kaliumazetat, 150 Liter Wasser und 1 bis 2 Prozent Chlorchinin, das als Desinfektionsmittel diente. Diese Zusammensetzung wurde fortan beibehalten und wird noch heute bei den Konservierungsarbeiten verwendet, die alle 18 Monate im Untergeschoß des Mausoleums stattfinden.

Worobjow war nicht der erste russische Wissenschaftler, der mit diesem Verfahren Gewebe konservierte. Bereits

1895 hatte Professor Mjelnikow-Raswedenkow, Pathologe an der Moskauer Universität, eine Lösung aus Kaliumazetat, Glyzerin und Alkohol entwickelt. Er hatte bei seinen Forschungen festgestellt, daß Kaliumazetat stark wasserbindende Eigenschaften besitzt und deshalb geeignet ist, den Flüssigkeitsgehalt eines Leichnams zu erhalten. Glyzerin wiederum hält das Gewebe elastisch und bewahrt die natürliche Farbe der Haut. Professor Worobjow kam das Verdienst zu, Mjelnikows Verfahren wieder aufgegriffen und vervollkommnet zu haben. Zu den Hauptschwierigkeiten, mit denen Lenins Einbalsamierer zu kämpfen hatten, gehörte die Beseitigung dunkler Flecken, die insbesondere auf Gesicht und Händen aufgetreten waren. Worobjow gelang es, auch dieses Problem zu lösen. In der Zeit zwischen den Bädern wurden die Flecken mit zahlreichen Reagenzien beseitigt. Pergamentartige und pigmentierte Flecken behandelte man zum Beispiel mit verdünnter Essigsäure. Der ursprüngliche Farbton des Gewebes ließ sich mit Wasserstoffperoxid wiederherstellen. Schimmelige Flecken wiederum wurden mit Desinfektionsmitteln wie Chinin oder Phenol beseitigt.

Nachdem die augenfälligen Mängel am Leichnam behoben waren, blieben noch die oberen Körperöffnungen. Die Lippen des Toten wurden mit Knopfnähten, die unter dem Schnurbart versteckt sind, geschlossen. An die Stelle der Augen setzte man Prothesen ein, um ein Einsinken der Augenhöhlen zu verhindern, und nähte die geschlossenen Lider fest.

Mein Vater erhielt den Auftrag, bei Nadeshda Krupskaja Kleider des Verstorbenen zu besorgen. Die Lenin-Witwe, die die Einbalsamierung grundsätzlich ablehnte und den Erfolg des Unternehmens jedenfalls bezweifelte, händigte ihm einen Gehrock aus, der mit seiner Khakifarbe an eine militärische Uniform erinnert. Lenin trug diese Jacke während seiner Krankheit in Gorki. Mitte Juni 1924 wurde der

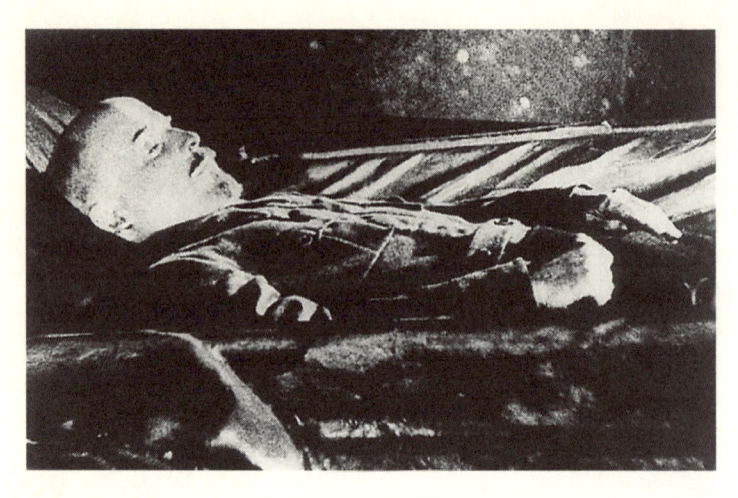

Lenins Leichnam nach der Einbalsamierung Ende Juli 1924.

Tote auf Anordnung Dzershinskis angekleidet und in einen konischen Glassarg gelegt. Daraufhin lud man Nadeshda Krupskaja und die Geschwister Lenins ein, den einbalsamierten Leichnam in Augenschein zu nehmen. Ängstlich erwarteten Worobjow und mein Vater ihr Urteil. Doch als sie die Meinung des Bruders, Dimitri Uljanow, vernahmen, atmeten sie erleichtert auf. „Ich bin sehr bewegt. Es verschlägt mir den Atem. Er ist in demselben Zustand, in dem wir ihn einige Stunden nach seinem Tod vorgefunden haben, vielleicht sogar in einem besseren."

Während im Untergeschoß die Einbalsamierungsarbeiten abgeschlossen wurden, ging ebenerdig der Bau des neuen Mausoleums voran. Nach Ansicht der sowjetischen Führung sollte es nicht nur als Grab- und Gedenkstätte für Lenin dienen, sondern bei Militärparaden und sonstigen Aufmärschen zur Verherrlichung der allmächtigen Sowjetunion auch als Tribüne für die Staatsführung fungieren.

Das neue, ebenfalls aus Holz gefertigte Bauwerk war größer als das provisorische Mausoleum und wurde im Juli

Der Bau des zweiten Mausoleums aus Holz.

1924 fertiggestellt. Es hatte die Form einer sechsstufigen Pyramide. Die erste und längste Stufe bildete den Grundsockel des Denkmals; auf der vorletzten stand in schwarzen Großbuchstaben der Name LENIN geschrieben. Ein kleiner Portikus mit fünfzehn rechteckigen Säulen krönte die Pyramide. Zwei Treppen führten zu den Tribünen an der Vorderseite des Bauwerks.

Das Monument durchbrach die Symmetrie des Roten Platzes. Daher beschloß man, ihn umzugestalten. Die Statue zur Erinnerung an den Sieg der russischen Streitkräfte über die polnischen Eindringlinge wurde versetzt, und ein grobschlächtiges Gipsstandbild, das einen Arbeiter darstellte und die Oktoberrevolution symbolisierte, abgerissen. Im Jahr 1929 wich dieses zweite Mausoleum aus Holz einem dritten aus rotem und schwarzem Granit von ungefähr derselben Form.

Im Laufe der folgenden zehn Jahre konnten Worobjow

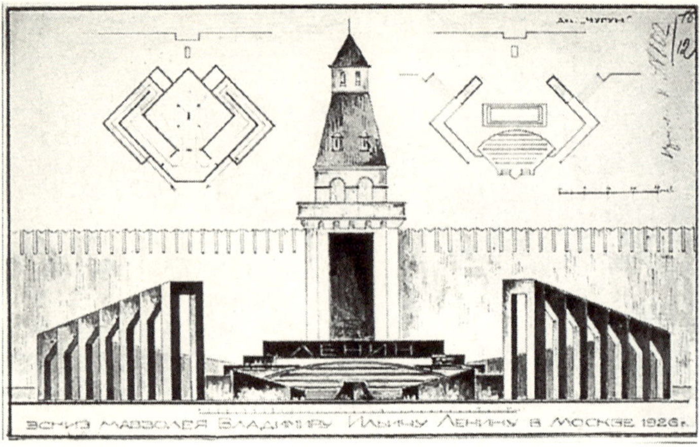
ЛЕНИН
ЭСКИЗ МАВЗОЛЕЯ ВЛАДИМИРУ ИЛЬИЧУ ЛЕНИНУ В МОСКВЕ 1926 г.

„У Кремлевской Стены"
Боковой фасад
17,50

Einige Entwürfe des Architektenwettbewerbs, den die Partei für das dritte Mausoleum ausschrieb. Den Zuschlag erhielt schließlich der Architekt Schtschussew, der auch die beiden ersten Mausoleen entworfen hatte.

Bauliche Umgestaltung des Roten Platzes für die Errichtung des dritten Mausoleums.

Einweihung des Holzmausoleums im Juli 1924.

und seine Assistenten den Zustand des Leichnams weiter verbessern, und dies in einem Maße, daß die wenigen Ausländer, die das Mausoleum 1934 besuchen durften, mit Lob nicht geizten. „Ich stehe neben Lenin", erklärte der amerikanische Wissenschaftler Fertridge. „Er ist es, kein Zweifel. Ist er wirklich seit zehn Jahren tot? Ist er nicht vielleicht erst gestern verstorben? Ich persönlich habe wirklich den

Abschließende Polierarbeiten am 1930 eingeweihten Granitmausoleum.

Eindruck, daß der Mann schläft, und unwillkürlich geht man auf Fußspitzen, um ihn nicht aufzuwecken. Mit der Konservierung des Leichnams ihres historischen Führers hat die UdSSR eine Großtat vollbracht, die bisher unmöglich schien. Die Einbalsamierung von Lenin ist die vollkommenste aller Zeiten. Er ist besser erhalten als die Mumien im alten Ägypten. Behaupten die sowjetischen Wissenschaftler nicht, der Leichnam von Wladimir Iljitsch könne ewig aufbewahrt werden, ohne den Verheerungen der Zeit zum Opfer zu fallen?"[2]

7. DIE JAHRE DES TERRORS

„Das Zbarski-Bakterizid"

1. Dezember 1934. Mit Bestürzung vernahm ich die Neuigkeit im deutschen Rundfunk: Der Leningrader Parteisekretär Sergej Kirow war im Smolny-Institut ermordet aufgefunden worden. Zum erstenmal erfuhren wir aus den Zeitungen von der Ermordung eines führenden Parteimitglieds. Die Tatumstände erschienen uns, gelinde gesagt, merkwürdig. Der Mörder, ein gewisser Nikolajew, wurde ohne Gerichtsverfahren hingerichtet. Man beschuldigte ihn, er habe im Auftrag der Trotzkisten gehandelt. Sämtliche Mitglieder der Untersuchungskommission kamen auf mysteriöse Weise bei einem Autounfall ums Leben.

Kirow stand Stalin nahe, und viele Parteimitglieder betrachteten ihn als seinen potentiellen Nachfolger. Man erzählte sich, er habe bei der Wahl des Generalsekretärs auf dem 14. Parteitag der KPdSU ein Viertel der Stimmen erhalten, obwohl er nicht einmal kandidiert hatte! Fühlte sich Stalin durch Kirows Popularität gekränkt? Beschloß er, sich des unliebsamen Konkurrenten zu entledigen? In den Monaten nach der Ermordung Kirows schwappte eine beispiellose Welle des Terrors über das Land. Besonders betroffen war Leningrad, wo unzählige Menschen inhaftiert oder deportiert wurden. Wir wußten damals nicht, daß die Ermordung Kirows den Beginn der blutigen Säuberung der Partei markierte.

Auch wir vom Mausoleum bekamen die verhärtete politische Situation zu spüren. Die Wachen wurden verstärkt, und der Kommandant erhielt einen Stellvertreter zur Seite. Die Fachleute für Beleuchtung, Heizung und Kühlsystem wurden sehr sorgfältig ausgesucht. Der Zutritt zum Mausoleum gestaltete sich nicht mehr so einfach wie bisher. Wir mußten die Wachen jedesmal vorher informieren. Niemand war mehr berechtigt, den Leichnam allein zu untersuchen. Wir mußten das Mausoleum mindestens zu zweit betreten. Diese Maßnahmen konnten unsere Ängste nur verstärken. Wir wußten, daß man jede Äußerung, jede Geste sorgfältig in einem Bericht an das NKWD verzeichnete. Die Nachfolgeorganisation der GPU war auch für das Personal des Mausoleums zuständig.

Grund für die verschärften Sicherheitsmaßnahmen am Mausoleum war auch der versuchte Anschlag vom 19. März 1934.* Der Attentäter, ein gewisser Mitrofan Nikitin, der in einer Sowchose im Umland von Moskau als Bauer arbeitete, betrat das Mausoleum als einfacher Besucher, zog einen Revolver aus der Tasche und wurde, als er das Feuer auf Lenins Leichnam eröffnen wollte, gerade noch von den Museumswachen überwältigt. Gleichwohl gelang es ihm irgendwie, sich mit einem Kopfschuß zu töten.

Bei der Durchsuchung seiner Wohnung fand das NKWD einen Brief, in dem Nikitin die Schrecken der Hungersnot von 1933 schildert: „Was ich gesehen habe, spottet jeder Beschreibung. Ich habe gesehen, wie Männer am hellichten Tag auf der Straße umfielen und wie die Fliegen starben. Und was wir hinunterschlingen mußten, können selbst Schweine nicht fressen [...]." Weiter unten fügt er hinzu: „Im Frühjahr 1934 werden Millionen von Menschen an Hunger, Dreck und Epidemien zugrunde gehen. In den Sowchosen, den Kolchosen und den Fabriken werden sehr viele Menschen nicht zur Arbeit erscheinen, mehr noch als im vorigen Frühjahr. Unsere Führer haben sich hinter den Mauern des Kreml verschanzt und wollen nicht sehen, daß das Volk dieses Leben nicht mehr will, daß es keine Kraft, keinen Durchhaltewillen mehr hat. Die neue Generation ist durch Hunger und einen widersinnigen Unterricht entstellt. Sie ist körperlich und geistig entstellt. Alles Gesunde, Gute und Ehrliche stirbt jeden Tag ein bißchen mehr [...]. Ich, Nikitin Mitrofan

Michailowitsch, sterbe mit Freuden für die Nation. Mit meinem Tod protestiere ich im Namen von Millionen Werktätigen: Genug der Knechtschaft, des Terrors, des Hungers und der Grausamkeit. Führer, wo führt Ihr das Land hin? Wir bewegen uns dem Abgrund entgegen." Der Brief wurde Stalin persönlich übergeben, der ihn mit dem lakonischen Vermerk versah: „Zu meinen persönlichen Akten".

Als ich eines Tages im Jahre 1937 von der Arbeit nach Hause kam, teilte mir mein Hausmeister mit, daß sich Politbüromitglied Grigori Ordshonikidze das Leben genommen hatte. Zeitungen und Radio behaupteten, er sei an einer Embolie gestorben. Der mit der Autopsie beauftragte Gerichtsmediziner vertraute mir sieben Jahre später unter dem Siegel der Verschwiegenheit an, er habe am Kopf des Toten ein Einschußloch festgestellt. Noch heute ist die Angelegenheit nicht zweifelsfrei geklärt. War er auf Stalins Befehl hingerichtet worden, oder hatte er sich selbst den Tod gegeben? Man wird die Antwort wohl nie erfahren.

Die Angst griff schließlich auch auf unsere Familie über. 34 der 36 Wohnungen in dem Haus, in dem mein Vater wohnte, hatte das NKWD versiegelt. Wir tauften das Gebäude daher „DOPR", was im Russischen abgekürzt zugleich „Haus der Regierung" und „Haus der einstweiligen Inhaftierung" heißt. Alle unsere Nachbarn wurden verhaftet. Die meisten starben im Gulag, darunter auch die Allilujews, die Familie der zweiten Frau Stalins, Nadeshda. Stalin wollte ihnen heimzahlen, unter welchen Umständen Nadeshda sich das Leben genommen hatte.

Nadeshda hatte den Mut aufgebracht, bei einem Kreml-Bankett anläßlich des 15. Jahrestags der Oktoberrevolution im November 1932 gegen die Politik der Bauernunterdrückung ihres Mannes Stellung zu beziehen. Stalin wies sie mit aller Heftigkeit zurecht. In Tränen aufgelöst, kehrte sie in ihre Wohnung zurück. Tags darauf fand man sie tot auf ihrem Bett, neben ihr eine „Walter", ein Geschenk ihres Bruders. Unklar blieb, ob sie freiwillig in den Tod ging oder ob Stalin sie beseitigen ließ. Die Zeitungen schrieben jedenfalls, sie sei eines natürlichen Todes gestorben.

Das „Haus der Regierung", in dem wir wohnten, lag in einem Sumpfgebiet an der Moskwa und ähnelte einem schwimmenden Betonblock mit zahllosen kleinen Fenstern. Gegen Ende der zwanziger Jahre erbaut, beherbergte es die Crème des Regimes: den bolschewistischen Veteran Podwojski, den Helden des Bürgerkriegs General Tuchatschewski, den Außenminister Litwinow sowie zahlreiche Mitglieder des Zentralkomitees.

Mein Vater bekam im Jahre 1931 eine große Fünfzimmerwohnung zugewiesen, deren Fenster auf eine Querstraße zum Kreml hinausgingen. Das Appartement war bürgerlich möbliert und besaß Gas und fließend warmes Wasser, ein Luxus für die damalige Zeit. Ich sehe den Salon noch vor mir: ein Flügel, Holzstühle in gotischem Stil, Sessel aus feinstem Córdoba-Leder, eine kleine Statue, die eine tanzende Zigeunerin mit einem Dolch in der Hand darstellte, außerdem eine Doppelbüste von Dante und Beatrice. Diese Einrichtungsgegenstände stammten aus der Villa des deutschen Industriellen Mark, in der wir in den zwanziger Jahren gewohnt hatten. Mein Vater beanspruchte den größten Raum, in dem er sein Arbeitszimmer einrichtete; ich bekam das kleinste Zimmer.

Um die Mitte der dreißiger Jahre war aus Professor Boris Zbarski ein wohlsituiertes Mitglied der Nomenklatura geworden. Mit leicht angegrauten Schläfen und von kräftiger Gestalt, zeugte das Auftreten des Endvierzigers von großer Selbstsicherheit. Wenn ich auf die pausenlosen Verhaftungen in der Hauptstadt zu sprechen kam, antwortete er mit einem lakonischen „Das geht uns nichts an". Er war Parteimitglied und hatte 1933 den Lehrstuhl für Biochemie am Ersten Moskauer Medizinischen Institut übernommen. Ein Jahr später wurde ihm zum zehnten Todestag des Gründers

Boris Iljitsch Zbarski, 1936/37.

der UdSSR der Lenin-Orden verliehen, die höchste Auszeichnung der Sowjetunion, die durchaus materielle Vorteile mit sich brachte.

Im Frühjahr fuhr uns mein Vater mit seinem *Pobeda* (russisch: Sieg), einem schweren grauen Wagen mit glänzenden Stoßstangen aus Stahl, in unsere Datscha in *Serebrjeni Bor* (Silberwald). In dieser Gegend hatten die Mitglieder des Zentralkomitees ihren Sommersitz. Auf unseren Spaziergängen konnten wir ihre imposanten zweistöckigen Villen in Holzbauweise sehen, die hinter hohen Palisaden versteckt waren. Unsere Datscha besaß nicht weniger als sieben Zimmer. Das Mobiliar bot allerdings keine Besonderheiten: ein Sekretär im schwedischen Stil mit vielen Schubladen, eine Hängematte, einige Tische und Stühle aus Eiche. Mit Canotier und Justaucorps bekleidet, legten wir den kurzen Weg hinunter zur Moskwa in wenigen Minuten zu Fuß zurück. Der Fluß führte an dieser Stelle noch klares Wasser und war mit Seerosen übersät. Erst nach dem Krieg begannen die Fabriken, die von Moskau aus stromaufwärts errichtet wurden, ihre ockerfarbenen Rückstände einzuleiten.

Trotz des unleugbaren materiellen Komforts, den ich bei meinem Vater genoß, gelang es meiner Stiefmutter mit ihren dummen Schikanen und Vorhaltungen schließlich, mir das Elternhaus zu verleiden. Ich beschloß, zu meiner Mutter zu ziehen. Sie lebte in völlig anderen Verhältnissen. Als medizinisch-technische Assistentin an einem Krankenhaus beschäftigt, reichte ihr Lohn gerade so zum Leben. Sie teilte mit sechs anderen Familien, das heißt mit 23 Personen, eine Wohnung in einem alten Gebäude in Arbat. Man mußte praktisch für alles Schlange stehen: zum Kochen und Telefonieren ebenso wie für Bad und Toilette. Die Küche zählte nicht weniger als vier gußeiserne Herde. Zwischen den Zimmerwänden waren Wäscheleinen gespannt. An der Eingangstür hing ein Zettel mit der Aufschrift: „Familie Zbarski, einmal klingeln; Familie Mark, zweimal klingeln" und so weiter. Wir hatten praktisch kein Privatleben. Einige unserer Nachbarn brachten ihre Zeit damit zu, an den Türen zu lauschen, und waren über das Liebesleben meiner Mutter genauestens unterrichtet.

Mitunter lud meine Mutter einen Liebhaber in ihr Zimmer ein. Der Raum war groß und hell und hatte Spuren der alten Zeit bewahrt. Die Decke zeigte bukolische Malereien mit weidenden Schafen und Flöte spielenden Satyrn. Das Mobiliar war schlicht: ein rechteckiger Tisch aus Karelienbirke, ein braunes Sofa, mit einem Orientteppich bedeckt, drei kleine Lehnsessel mit durchgewetztem Stoffbezug und ein ovaler Spiegel, vor dem meine Mutter immer wieder die feingearbeiteten Spitzenkleider und Schleierhüte anprobierte, die sie vor dem Krieg getragen hatte. Doch hatte der Ort nichts von einem Liebesnest. Die hellbraune Tapete wies Wasserflecken auf, Türen und Fenster schlossen schlecht. An der undichten Wasserleitung bildeten sich dikke erdige Tropfen. Die Wohnung, die einst wohl einer reichen Kaufmannsfamilie gehört hatte, war seit der Revolution nicht mehr renoviert worden.

Meine Mutter beklagte sich nie über ihre neuen Lebensumstände. Sie wußte, daß sie das Los von 95 Prozent aller Moskauer teilte. Im Zuge der Oktoberrevolution war die Bevölkerung von Moskau stark angewachsen. Die Karriereaussichten, die das Regime bot, zogen massenhaft Menschen aus der Provinz in die neue Hauptstadt. Die Hausbediensteten, die bisher im Untergeschoß hausten, waren nach oben umquartiert worden. Darüber hinaus beabsichtigten die sowjetischen Behörden mit der Einführung von Gemeinschaftswohnungen, den Besitzinstinkt der Menschen auszurotten.

Die Ironie der Geschichte wollte es, daß meine Mutter Maxim Mark zum Nachbarn hatte, den Sohn jenes deutschen Industriellen, der Rußland nach der Oktoberrevolution Hals über Kopf verlassen hatte und dessen Möbel, die damals für das Biochemische Institut beschlagnahmt worden waren, sich nunmehr zum Teil bei meinem Vater befanden. Als Maxim davon erfuhr, versuchte er nicht, den Besitz seiner Familie zurückzufordern. Als überzeugter Kommunist war er ja sowieso gegen das Erbschaftsprinzip. Seine Mutter, eine millionenschwere Bourgeoise, konnte ihn noch so sehr bitten, zu ihr nach Schweden zu kommen, Maxim wollte nichts davon hören. Er war der Ansicht, sein Schicksal sei mit dem Vaterland des Sozialismus verbunden – eine Entscheidung, die er später bitter bereuen sollte.

Eines Nachts im Jahre 1937 kam der Wohnungsverwalter in Begleitung von drei Angestellten des NKWD zu uns. Die Geheimdienstleute verlangten nach Maxim Mark. „Bürger, Sie sind verhaftet", erklärte einer der Agenten. „Sie haben eine halbe Stunde, um Ihre Sachen zu packen." Bei diesen Worten öffneten sich alle Türen der Wohnung einen Spalt breit. Eltern, Kinder und Großeltern drängten sich in dem schwach erleuchteten Flur. Doch als sie die finstere Miene der kräftigen Agenten im schwarzen Ledermantel erblickten, wurden sie plötzlich ganz still. Dann hörten wir das heftige Schluchzen einer Frau. Es war Alexandra Konstantinowna, Marks Frau. „Mach' dir keine Sorgen", sagte er zu ihr, „du wirst sehen, alles wird gut." Er umarmte seine Familie und verschwand, einen kleinen Koffer in der Hand, im Hausgang. Wir sahen ihn nie wieder. Später erfuhren wir, daß er in einem Lager weit im Osten umgekommen war. Der Tod konnte in jenen Jahren jederzeit an deine Tür klopfen. So groß war die Angst vor dem sowjetischen Staat, daß selbst die innerfamiliären Vertrauensverhältnisse dadurch beeinträchtigt wurden. Auch unsere Familie litt an diesem Syndrom.

Im Jahr 1935 nahm der NKWD abermals Kontakt zu meinem Vater auf und übergab ihm eine Broschüre mit der Beschreibung der Geheimformel für ein hochwirksames Bakterizid. Ein Agent des NKWD hatte das Dokument aus einem amerikanischen Labor gestohlen. Da es dieses Medikament in der UdSSR noch nicht gab, wurde mein Vater mit der Herstellung beauftragt. Mein Vater sprach kein Englisch, und so vertraute er mir die Übersetzung der Formel an. „Ihre Herkunft", sagte er, „muß absolut geheim bleiben. Sobald das Medikament fertig ist, werde ich offiziell als Erfinder hingestellt, verstehst du? So lauten die Befehle der Regierung."

Als ich die Übersetzung fertiggestellt hatte, beauftragte mein Vater mich und seine Mitarbeiter mit der Herstellung der chemischen Substanz, einer organischen Quecksilberverbindung mit dem Hauptbestandteil Phenylquecksilbernitrat. Unter einer Abzugshaube mußten wir bei hohen Temperaturen Quecksilberazetat zum Schmelzen bringen. Die beteiligten Wissenschaftler wurden regelmäßig nach einem Monat ausgewechselt und erhielten für ihre Arbeit das Doppelte ihres normalen Monatsgehalts. Für mich galt diese Regel indes nicht. Mein Vater zwang mich, mehrere Monate hindurch ohne Bezahlung zu arbeiten. Er sagte, es gehöre sich nicht, in seinem Namen Geld vom Staat zu verlangen.

Nach zweieinhalb Monaten Arbeit unter der Abzugshaube wurde ich von schrecklichen Kopfschmerzen, Haarausfall und Zahnfleischbluten geplagt. Da mich diese Symptome beunruhigten, suchte ich nach den Ursachen. Ich fand heraus, daß die Quecksilberdämpfe und vor allem die Zwischenprodukte, die bei der Synthese dieses Präparats entstehen, toxisch wirken und längeres Einatmen Invalidität und sogar den Tod zur Folge haben kann.

Ich erzählte meinem Vater von meinen Beschwerden und bat ihn, mich umgehend von dieser Arbeit freizustellen. Er wollte nichts davon hören. Meine Beschwerden seien reine Einbildung, ich solle mit meiner Arbeit fortfahren. Ich war verzweifelt. Und da ich nicht wußte, was ich tun sollte, wartete ich, bis Professor Worobjow uns besuchte, um ihm von meinen Schmerzen zu berichten. Er war wie aus dem Häuschen. Wutentbrannt stürzte er ins Arbeitszimmer meines Vaters. Stimmenlärm drang durch die Wände. „Bist du denn verrückt geworden? Du bist drauf und dran, deinen eigenen Sohn umzubringen!"

Worobjow stand in der Hierarchie über meinem Vater, und so tat die Unterredung die gewünschte Wirkung. Tags darauf wurde ich von meiner Mühsal befreit. Ich ging zu Worobjow ins Büro. „Sie haben mich gerettet", sagte ich zu ihm und umarmte ihn fest. Ich werde ihm ewig dafür dankbar sein. Die Haltung meines Vaters hingegen kann ich mir bis zum heutigen Tag kaum erklären. Vielleicht unterschätzte er das Vergiftungsrisiko. Vielleicht war er, getrieben durch seine bisherige Karriere im Sowjetregime, bereit, seinen Sohn zu opfern, um noch mehr Ruhm zu erlangen. Seine Grausamkeit in dieser Angelegenheit erinnerte mich an einen Mann, den mein Vater sehr bewunderte: Zar Peter der Große hatte nicht gezögert, seinen Sohn aus Gründen der Staatsräson ermorden zu lassen.

Das Medikament wurde schließlich in mehreren Krankenhäusern getestet. Angesichts der ausgezeichneten Ergebnisse fand es unter der Bezeichnung „Zbarski-Bakterizid" in der gesamten UdSSR Verbreitung. Ich für meinen Teil bekam die Auswirkungen der Quecksilberdämpfe noch jahrelang in Form ständiger Kopfschmerzen zu spüren. Die Wut auf meinen Vater erreichte ihren Höhepunkt, als ich Jahre später erfuhr, daß er sich während einer Auslandsreise einer Quecksilberentgiftung unterzogen hatte. Dabei waren die toxischen Dämpfe, die bis in sein Arbeitszimmer vordrangen, sehr gering im Vergleich zu der Menge, die seine Mitarbeiter und ich unter der Abzugshaube eingeatmet hatten.

Aber das war nicht das einzige Mal, daß mich mein Vater mit ausgesprochener Unerbittlichkeit behandelte. Da die Tätigkeit am Mausoleum nur rund 40 Prozent meiner Arbeitszeit beanspruchte, konnte ich mich die übrige Zeit meinen Studien widmen. Ich besaß ein Diplom in Physiologie mit Hauptfach Biochemie und hatte den sehnlichen Wunsch, meinen Magister zu machen (in der UdSSR die Vorstufe zur Promotion). Überraschend widersetzte sich mein Vater diesem Ansinnen. „Eine Promotion? Was für eine Promotion? Du hast doch alles, was du brauchst, wie mir scheint", versetzte er. Meine Tätigkeit an Lenins Leichnam brachte mir allerdings ein Monatsgehalt von 200 Rubel ein, eine für die damalige Zeit vergleichsweise bescheidene Summe, sowie gute Forschungsbedingungen. Das Laboratorium des Mausoleums verfügte über Geräte und Reagenzien, um die es jedes andere Forschungsinstitut in der UdSSR nur beneiden konnte. Aber was bedeuteten mir diese Apparaturen schon, wenn ich meine Studien nicht fortsetzen durfte? Die Antwort meines Vaters stürzte mich abermals in Verzweiflung. Einen Augenblick lang faßte ich ins Auge, meine Promotion an einem anderen Laboratorium vorzubereiten. Doch erschien mir dieses Vorhaben nach sorgfältigem Abwägen des Für und Wider als zu riskant. In dieser Zeit der absoluten Diktatur war für individuelle Freiheit kein Platz. Mein Vater war in der wissenschaftlichen Gemeinschaft so etabliert, daß er seinen Einfluß auf andere Doktorväter jederzeit geltend machen konnte. Ich war völlig von ihm abhängig. Ich kann mir seine Haltung nur dadurch erklären, daß er ein zu schnelles Fortkommen meinerseits verhindern wollte. Vielleicht befürchtete er, mein Name könnte den seinen rasch in den Schatten stellen.

Erst zwei Jahre später gelang es mir durch beharrliches Drängen, seine Zustimmung zu erwirken. Ich durfte meine Promotion in Angriff nehmen, aber nur unter einer Bedingung: Er wollte das Thema bestimmen. Ich sollte die Wirkung von Aminosäuren auf Tumore testen und mußte zu diesem Zweck mit weißen Mäusen experimentieren. Diese Forschungen, die der Karriere meines Vaters anscheinend förderlich waren, jedoch nur gemischte Ergebnisse erbrachten, interessierten mich kaum. Ich teilte die Vorstellun-

Das Politbüro nimmt von der Tribüne des Mausoleums eine Militärparade auf dem Roten Platz ab. Von links nach rechts: Molotow, Stalin, Woroschilow, Kalinin, Andrejew, Shdanow, Tschubar (durchgestrichen, weil bereits verhaftet) und Dimitrow.

gen meines Vaters über Biochemie nicht. Mein Interesse galt schon damals den chemischen Vorgängen im Gewebe und in den Zellen im allgemeinen und im besonderen dem Zellkern und den Nukleinsäuren. Die Anregung zu diesem Forschungsgebiet stammte, wie gesagt, von Professor Worobjow.

Unterdessen vollbrachte der Terror sein unerbittliches Werk. Am Vortag des 7. November 1937, als die Vorbereitungen zu den Gedenkfeierlichkeiten anläßlich des 20. Jahrestags der Revolution auf dem Roten Platz auf Hochtouren liefen, erfuhren wir, daß nahezu sämtliche Mitglieder der Kreml- und der Mausoleumswache verhaftet worden waren, darunter auch der Kreml-Kommandant Peterson und der Kommandant des Mausoleums Trenin. Mit ihrer Verhaftung verschwanden auch wichtige Dokumente. Von nun an war es uns verwehrt, Einsicht in die alten Protokollhefte unserer Konservierungsarbeiten zu nehmen.

Während im ganzen Land viele hunderttausend Menschen verschwanden, feierten die Zeitungen die Erfolge der sozialistischen Ökonomie. Da konnte man beispielsweise lesen, daß die Industrie der UdSSR an einem einzigen Tag so viel produzierte wie das zaristische Rußland in einem ganzen Jahr – was natürlich nicht von ferne zutraf. Trotz unseres sehr niedrigen Lebensstandards betete man uns tagein tagaus vor, die Wirtschaft des Landes floriere. Um sich davon zu überzeugen, brauche man nur einen Blick nach Westen zu werfen. In Frankreich, England und Amerika herrsche schreckliches Elend. Die Arbeiter hätten dort nicht genug zu essen. Karikaturen zeigten korpulente Kapitalisten im Reitersitz auf rachitischen Arbeitern.

In Moskau gingen unterdessen Gerüchte über die Verhaftung bekannter Persönlichkeiten um. So erfuhren wir von der Inhaftierung des Flugzeugkonstrukteurs A. N. Tupolew. Als ich meinem Vater diese Neuigkeit mitteilte, meinte er, das sei ganz und gar unmöglich. Seine Reaktion war verständlich: Schließlich hatte derselbe Tupolew mehrere sowjetische Militärflugzeuge konstruiert. Für uns stand zweifelsfrei fest, daß die militärische Stärke der Sowjetunion zu einem Großteil diesem Mann zu danken war. Ein Verwandter des Ingenieurs bestätigte die überraschende Neuigkeit.

Im Herbst 1937 wurde das Personal des Mausoleums erneut vom Schicksal ereilt. Professor Worobjow litt plötzlich an Nierenschmerzen. Eine medizinische Untersuchung ergab einen bösartigen Tumor. Die Ärzte ordneten einen chirurgischen Eingriff an, der in keiner Weise gerechtfertigt war. Argwöhnisch und impulsiv wie Worobjow war, lehnte er eine Operation im Kreml-Hospital ab. Wahrscheinlich war ihm noch das tragische Ende des Genossen Michail Frunse in Erinnerung. Im Jahr 1925 litt der damalige Volkskommissar für Verteidigung an einem Magengeschwür. Stalin bestand auf einer sofortigen Operation, die keineswegs unbedingt notwendig war. Frunse starb unter dem Messer.

Auf Worobjows Wunsch sollte Professor A. Mjelnikow, ein befreundeter Chirurg aus Charkow, die Behandlung übernehmen. Diesem Anliegen wurde stattgegeben, ein für die damalige Zeit außerordentlicher Vorgang. Die Operation verlief ohne Zwischenfall. Doch nach einigen Tagen verschlechterte sich der Zustand des Professors schlagartig. Er verstarb am 31. Oktober. Mein Vater und ich fuhren umgehend nach Charkow, um unserem Freund das letzte Geleit zu geben.

Die Umstände von Worobjows Krankheit und Tod erregten meinen Argwohn. Die Notwendigkeit der Operation war nicht erwiesen. Daß sich das Geschwür während der Operation im übrigen als gutartig herausstellte, hinderte die Ärzte nicht, die linke Niere zu entfernen. Aufgrund dieser Schwächung konnte die rechte Niere nicht mehr richtig arbeiten. Das Unvermeidliche trat ein: Worobjow starb an Harnvergiftung.

Noch heute bin ich versucht, den Tod unseres Freundes auf einen groben Fehler der Ärzte zurückzuführen. Und ich kann angesichts der Schwere dieses Fehlers nicht umhin, dabei an gewisse, damals übliche medizinische Praktiken zu denken. Unter dem Druck des von Jeshow geleiteten Geheimdienstes NKWD waren Tausende von Ärzten bereit, „lästige" Genossen unter dem Messer sterben zu lassen.

Worobjow wurde wahrscheinlich von einem Mitglied unseres Teams denunziert. Im betrunkenen Zustand nahm er gewöhnlich kein Blatt vor den Mund und ließ seinen Gedanken in Gegenwart seiner Freunde und Mitarbeiter freien Lauf. Mitunter entschlüpfte ihm dabei ein unglückliches Wort.

Ich erinnere mich, wie er 1935 eines Tages angetrunken von einem Bankett zurückkehrte, das Stalin anläßlich der

Gründung eines großen medizinischen Forschungszentrums – der Vorläufer der künftigen Akademie der Medizinischen Wissenschaften – im Kreml ausrichtete. Worobjow ging zu Bett, ohne sich die Mühe zu machen, sich auszuziehen. Ich half ihm dabei, und bei dieser Gelegenheit verkündete er mit Siegermiene: „Weißt du was? Ich habe Stalin umarmt." Im nüchternen Zustand machte er jedoch keinen Hehl daraus, daß er für den „borniertern Georgier" nicht die geringste Sympathie empfand.

Nach Worobjows Tod wurde mein Vater verantwortlicher Leiter des mit der Konservierung von Lenins Leichnam betrauten Wissenschaftlerteams. Aber auch er – ein weiterer Schicksalsschlag – wurde von mysteriösen Beschwerden befallen. Die Ärzte entdeckten einen Tumor in der linken Niere. Sie beschlossen, ihn umgehend im Kreml-Hospital zu operieren. Die kranke Niere wurde entfernt, doch schon bald traten Komplikationen auf: Man diagnostizierte eine schwere Infektion der Bauchhöhle. Mein Vater schwebte in Lebensgefahr. Aber nach einigen Wochen war er gesundheitlich wieder hergestellt. Danach konnte er seine Aufgaben erneut in vollem Umfang wahrnehmen.

Während der Krankheit meines Vaters erhielt ich einen Telefonanruf des NKWD: Genosse N. Jeshow, Leiter des Geheimdienstes, wünsche mich umgehend zu sprechen. Ich begab mich in Begleitung meines Mitarbeiters, R. Sinjelnikow, zum Sitz des NKWD. Bevor man uns ins Büro des Volkskommissars für Inneres vorließ, wurden wir genauestens durchsucht. Jeshow lebte in ständiger Angst vor einem Attentat. Er war es, der während der schrecklichen Jahre 1937–1938 die Organisation leitete, die Millionen von Sowjetbürgern in den Tod schickte. In einem geräumigen Büro saß hinter einem riesigen Schreibtisch ein schmächtiges Männlein mit prüfenden Augen. Zum Beweis seiner grenzenlosen Ergebenheit gegenüber dem Generalsekretär hatte er hinter sich ein riesiges Porträt von Stalin aufgehängt. Auf seinem Tisch waren eine Büste und ein kleines Porträt des Diktators zu sehen.

Jeshow bat mich, Platz zu nehmen. Er erhob sich und musterte uns von seinen ein Meter fünfundfünfzig herab. Er erschien mir noch zwergenhafter als erwartet. Feierlich erklärte er, das Politbüro habe ihn beauftragt, in Erfahrung zu bringen, ob sich der ernste Gesundheitszustand von Professor Boris Zbarski nicht negativ auf die Konservierungsarbeiten an Lenins Leichnam auswirken könnte. Ich betonte zunächst einmal, daß die Erfahrung und die Kenntnisse von Professor Zbarski für uns von immenser Bedeutung seien. Doch selbst im Fall seines Ablebens, fügte ich hinzu, seien wir vorbereitet, die Konservierungsarbeiten fortzusetzen. Kaum hatte ich meinen Satz beendet, da stand Sinjelnikow jäh auf und erklärte: „Genosse Jeshow, ich versichere Ihnen, daß die Erhaltung von Lenins Leichnam in festen Händen liegt und wir die volle Verantwortung dafür übernehmen."

Einige Jahre später – wir lebten damals in Tjumen, einer Kleinstadt in Sibirien, wohin Lenins Leichnam zu Beginn der deutschen Offensive evakuiert worden war – fragte uns mein Vater, wie wir auf die Frage des Genossen Jeshow geantwortet hätten. Sinjelnikow erwiderte, ohne mit der Wimper zu zucken: „Boris Iljitsch, wir haben geantwortet, daß wir ohne Sie völlig außerstande wären, unsere Arbeit fortzusetzen." Diese unverzeihliche Lüge empörte mich. Als ich meinem Vater die Wahrheit erzählte, wurde ihm klar, was für ein hinterhältiger Schurke Sinjelnikow war. Als diesem ein geringfügiger Fehler unterlief, nahm mein Vater die Gelegenheit sofort wahr, um sich seiner zu entledigen.

Im März 1938 erhielten mein Vater und ich die Erlaubnis, den berühmten Prozeß gegen den „rechtstrotzkistischen" Block zu verfolgen, der im Haus der Gewerkschaft stattfand. Am Ende eines langen, mit Elfenbein getäfelten Raums, der der Adelsduma einst als Ballsaal gedient hatte, stand der Staatsanwalt, der finstere Andrej Wyschinski, und hielt ein langes gehässiges Plädoyer. Die Anklage beschuldigte den sogenannten „rechtstrotzkistischen Block", dem verschiedene Parteiführer und Ärzte zugerechnet wurden, des Versuchs, die sowjetische Regierung zu stürzen. Sämtliche Mitglieder standen natürlich im Dienst des Auslands und hatten wiederholt versucht, Stalin zu ermorden. Die Anklagerede dauerte gut zwei Stunden. Jeder Anklagepunkt wurde so solide untermauert, daß er die reinste Wahrheit widerzugeben schien, und die Aussagen der Angeklagten, die ihre Schuld eingestanden, konnten diesen Eindruck nur verstärken. Die allermeisten von ihnen versäumten es nicht, den Genossen Stalin um Verzeihung zu bitten, und bereuten ihre Verbrechen. Die Geständnisse der Ärzte Levin, Pletnew und Kasakow klangen in dieser Hinsicht sehr überzeugend. Sie gaben zu, auf Geheiß des Volkskommissars Jagoda den Tod des Schriftstellers Gorki und seines Sohn Maxim Peschkow sowie einiger weniger bekannter Führungspersönlichkeiten der Partei, darunter Kujbyschew und Menshinski, beschleunigt zu haben. In allen Einzelheiten schilderten sie, wie sie ihren Patienten Gift verabreicht hatten.

Diese Erklärungen hinterließen bei mir einen starken Eindruck. Ich war von der Schuld der Angeklagten, die da um ihr Leben bettelten, überzeugt. Einige, darunter auch Jagoda, der von 1934 bis 1936 die Politische Polizei geleitet hatte, fielen auf die Knie und flehten „den geliebten Genossen Stalin" um Verzeihung an. Wenig später ging das Gerücht um, Stalin habe den Prozeß hinter einer Trennwand durch einen Sehschlitz beobachtet und sich an diesem Schauspiel ergötzt.

Unter den Angeklagten bewahrten allein Rykow und Bucharin eine würdige Haltung. Beide Männer machten auf mich einen sehr veränderten Eindruck, seit ich sie im Jahr 1930 in Rykows Datscha zuletzt gesehen hatte. Abgemagert und angegriffen wie sie aussahen, waren sie im Gefängnis wohl gefoltert worden. Ich fühlte mich ihnen in diesem Augenblick schmerzlich verbunden. Rykow bat nicht um Gnade. Er begnügte sich mit der Feststellung, die von ihm vertretene Position habe in der Partei eine schwere Niederlage erlitten und „jeder Widerstand gegen die Parteilinie des Generalsekretärs sei nutzlos und habe keine Aussicht auf Erfolg". Doch den größten Mut in dieser schrecklichen Prüfung zeigte fraglos Bucharin. Mit einer schier übermenschlichen Geduld gesegnet, gelang es ihm trotz der pausenlosen Schmährufe der NKWD-Agenten in Zivil, gut zwei Stunden zu sprechen. „Sie verletzen die Ehre der sowjetischen Justiz! Lügner! Schweinehund!", brüllte es ihm aus der aufgeheizten Atmosphäre des Zuschauerraums entgegen.

Bucharin begann seine Aussage mit der Feststellung, daß ein „rechtstrotzkistischer Block" überhaupt nicht existiere. „Welche Verbindung sollte es zwischen dem Landwirtschaftsminister Tschernow, den Ärzten Levin und Kasakow und mir selbst geben? Keine!" Er zitierte dann ein deutsches Sprichwort: „Mitgefangen, mitgehangen", und besaß die unglaubliche Kühnheit zu erklären, der ehemalige Menschewik Wyschinski habe dem Bolschewik Bucharin keine Lektion zu erteilen. Mit einer detaillierten Analyse der verschiedenen Abschnitte in der Geschichte der Partei konnte Bucharin zeigen, daß Wyschinskis Anklageschrift völlig aus der Luft gegriffen war. Schon nach wenigen Minuten wurde die moralische und geistige Überlegenheit Bucharins über den Vertreter der Anklage offensichtlich.

Daß es sich um einen reinen Schauprozeß handelte, braucht nicht eigens betont zu werden. Über die Bedingungen, unter denen er stattfand, und über den Anteil von Lüge und Wahrheit in den verschiedenen Aussagen läßt sich lang und breit diskutieren. Eines jedoch ist sicher: Die Prozeßberichte, die damals veröffentlicht wurden, haben mit dem tatsächlichen Prozeßgeschehen nicht das geringste zu tun. Hier darüber zu sprechen ist mir eine um so größere Genugtuung, als ich einer der letzten noch lebenden Augenzeugen dieses Prozesses bin.

Am 7. September 1938 beschloß mein Vater, einen Brief an Molotow zu schreiben, um ihn davon zu überzeugen, daß angrenzend an das Mausoleum ein kleines Laboratorium eingerichtet werden müsse, wo man an der Verbesserung der Konservierungstechniken arbeiten könne. Das Laborpersonal, schlug er vor, solle einer bestimmten Person, zum Beispiel dem Genossen Jeshow, unterstellt werden, dem Chef der Politischen Polizei, der im folgenden Jahr durch Berija abgelöst wurde.

Am 19. Januar 1939 wurde zu Lenins 15. Todestag eine eigens gegründete wissenschaftliche Sonderkommission unter Leitung des Volkskommissars für Gesundheit, Nikolaj Graschtschenkow, damit beauftragt, den Zustand des Leichnams zu überprüfen. Das Ergebnis der eingehenden Untersuchung war zufriedenstellend. Die wenigen kleineren Mängel – das rechte Auge hatte sich leicht geöffnet, und auf dem linken Unterarm und an den Füßen waren Flecken aufgetreten – wurden in Gegenwart der Kommission beseitigt. Bei dieser Gelegenheit verkündete der Kommandant des Kreml, Nikolaj Spiridinow, die Regierung habe dem Ersuchen von Professor Boris Zbarski stattgegeben. Es erging der Befehl, das Laboratorium einzurichten und ein Modell des neuen Sarkophags herzustellen.

Einige Zeit zuvor hatte Lenins Witwe Nadeshda Krupskaja das Mausoleum im Beisein meines Vaters besucht. Sie nahm diese Gelegenheit wahr, um die Arbeit unseres Teams zu loben. Lenin genieße, wie sie sagte, ewige Jugend, während sie selbst zusehends älter werde.

Das Laboratorium wurde in einem „Alten Gebäude" der Moskauer Universität untergebracht. Das Personal umfaßte außer der unmittelbar mit der Erhaltung des Leichnams betrauten Wissenschaftlergruppe auch eine steigende Zahl von Präparatoren, technischen Assistenten und Buchhaltern.

Nach Abschluß meines Hauptstudiums wurde ich auf den Lehrstuhl für biologische und analytische Chemie am Ersten Moskauer Medizinischen Institut berufen, an dem ich 1935 meine Lehrtätigkeit aufnahm. Dabei stellte ich angenehm überrascht fest, wie sehr das Bildungsniveau der Studenten seit 1931–1932, als ich mein Studium begann, gestiegen war. Mit einem meiner Studenten, der ungefähr mein Alter hatte, unterhielt ich mich besonders gern. Irgendwann fragte ich ihn, warum er sein Universitätsstudium so spät begonnen habe. Er antwortete, er habe zuvor sieben Jahre im Gefängnis gesessen, weil er mit seinen Klassenkameraden im Gymnasium Verse des Dichters Jesenin gelesen hatte, der dem Regime als zu „unsowjetisch" galt.

Die allgemeine Lage im Wissenschaftssektor hatte landesweit einen kritischen Punkt erreicht. Die materielle Ausstattung der Forschungsinstitute war völlig unzureichend, und das Forschungspersonal erhielt einen miserablen Lohn. Bei uns im Laboratorium herrschten dagegen weit bessere Bedingungen. Wir besaßen chemische Substanzen im Überfluß, und so konnte ich weiterhin über Fragen forschen, die in keinem unmittelbaren Zusammenhang mit der Erhaltung von Lenins Leichnam standen. Da ich gleichzeitig am Laboratorium und am Lehrstuhl des Medizinischen Instituts arbeitete, war ich für meine Arbeit auf dem Gebiet der Grundlagenforschung hervorragend ausgestattet.

Im August 1939 verkündeten die Zeitungen die Unterzeichnung des deutsch-sowjetischen Nichtangriffspakts. Das kam für uns wie ein Blitz aus heiterem Himmel. Noch am Vortag hetzten die sowjetischen Medien gegen das faschistische Deutschland und den Antikomintern-Pakt. Nach dieser Kehrtwendung konzentrierten die Zeitungen ihr Propagandafeuer auf den „verfaulten französisch-englischen Kapitalismus". Ich selbst betrachtete das Abkommen zwischen Molotow und Ribbentrop als eine Art Beitritt der UdSSR zum Antikomintern-Pakt. Denn schon damals wurde mir klar, daß es zwischen Faschismus und Kommunismus keinen grundsätzlichen Unterschied gibt.

Im Jahre 1940 schrieb Professor Abrikossow in einem *Iswestia*-Artikel mit der Überschrift „Sechzehn Jahre Konservierung von Lenins Leichnam", daß zwischen 1924 und 1940 16 Millionen Menschen das Mausoleum besucht hätten. „Dieses in der Welt einzigartige Experiment gestattet es, den Körper eines Menschen nach seinem Tod so zu erhalten, als wäre er noch lebendig. Es wird von einer Gruppe von Wissenschaftlern betreut, die mit großer Begeisterung den Weisungen des Genossen Stalin folgen. Wir schätzen uns glücklich, daß dieser große wissenschaftliche Erfolg mit dem Namen des bedeutendsten Mannes der Weltgeschichte verknüpft ist, mit Lenin."

In diesem Taumel der Begeisterung bewegten wir uns auf den Zweiten Weltkrieg zu, der später als „Großer Vaterländischer Krieg" bezeichnet wurde. Keiner von uns ahnte damals auch nur im entferntesten, daß unser Leben nur wenige Tage später eine völlig andere Wendung nehmen sollte.

8.   Die Kriegsjahre

Transport des Leichnams nach Sibirien

Am Sonntag, dem 22. Juni 1941, wurde ich Punkt sieben Uhr durch einen Telefonanruf meines Kollegen Mardaschew geweckt. „Hast du schon Radio gehört?" Ich stürzte zu meinem Empfänger, aber da war nur das übliche Geschwätz über die Erfolge der sozialistischen Wirtschaft zu hören. Ich griff wieder zum Hörer. „Ich höre nichts Besonderes", meinte ich zu meinem Gesprächspartner. „Du bist nicht auf der richtigen Frequenz", versetzte er. Also stellte ich einen deutschen Sender ein. Ein Nachrichtensprecher verkündete, die UdSSR bestehe nur aus „einem zusammengewürfelten Rassen- und Völkergemisch, das die europäische Kultur bedroht". Auch von den Ansprüchen, die Molotow bei den Berliner Verhandlungen auf den Bosporus, einen Teil Polens, Bessarabien, die baltischen Staaten und Finnland angemeldet hatte, war die Rede. Das Memorandum endete mit den Worten: „Die deutschen Truppen haben die sowjetische Grenze um 4 Uhr morgens überschritten und stoßen rasch auf feindliches Gebiet vor. Möge der Herrgott ihnen beistehen!"

Jahre später erzählte man sich, daß Stalin, als er vom Einmarsch der deutschen Truppen unterrichtet wurde, seinen Ohren nicht traute. Fassungslos schloß er sich in sein Arbeitszimmer ein und weigerte sich tagelang, seine Mitarbeiter zu empfangen. Die Regierungs- und Parteiführung war ratlos und wußte nicht ein noch aus. Als sie sich schließlich entschloß, Stalin aufzusuchen, machte der Generalsekretär Anstalten, die Flucht zu ergreifen: Er war überzeugt, sie wollten ihn verhaften.

Daß die Neuigkeit Stalin in einen Schockzustand versetzte, überrascht die Historiker um so mehr, als Militär und

Geheimdienst über den bevorstehenden Angriff bestens informiert waren und die deutschen Truppenkonzentrationen an der sowjetischen Grenze sowie das wiederholte Eindringen feindlicher Fliegerverbände in den sowjetischen Luftraum keinen Zweifel daran ließen, was uns bevorstand. Der englische Radiosender BBC listete Tag für Tag die deutschen Divisionen auf, die an der sowjetischen Grenze zusammengezogen wurden, und nannte sogar das genaue Datum der Operation *Barbarossa*. Nur Hitlers hysterische Stimme und Goebbels' pathetische Reden bekräftigten weiterhin die unverbrüchliche Freundschaft mit der Sowjetunion und machten sich anheischig, die großen Vorzüge des Sozialismus im Vergleich zu den entarteten westlichen Demokratien hervorzuheben.

Die Industrieproduktion, erklärte Hitler lauthals, befinde sich in den verfaulten kapitalistischen Demokratien im freien Fall, während sie in der Sowjetunion, dem Vaterland des Sozialismus, innerhalb der letzten fünf Jahre um 40 Prozent gestiegen sei, ein Zuwachs, der freilich weit hinter dem Wirtschaftswachstum in Deutschland zurückbleibe, wo die Produktion im selben Zeitraum um 120 Prozent genommen habe. Der sowjetische Radiosender griff diese Erklärungen auf, verkündete mit Stolz, wie stabil die deutsch-sowjetische Freundschaft sei, und äußerte sich begeistert über den Einmarsch der Nazi-Truppen in Belgien, Frankreich, Holland, Dänemark und Norwegen. Ich schenkte diesen wiederholten Freundschaftsbekundungen zu keiner Zeit Glauben. Wie viele meiner Zeitgenossen war ich überzeugt, daß ein deutscher Einmarsch unmittelbar bevorstand. Doch Stalin sah die Sache anders. Er brachte Hitler blindes Vertrauen entgegen, schlug die Warnungen seiner Mitarbeiter in den Wind und wollte von den Vorschlägen seiner Generäle, Vorkehrungen für den Verteidigungsfall zu treffen, nichts wissen. So kam es, daß die deutschen Truppen, die den Umstand ausnutzten, daß viele unserer

Grenzschutz- und Heeresoffiziere ihren freien Tag hatten, am Sonntag, dem 22. Juni 1941, mit Leichtigkeit unsere Verteidigungslinien durchbrachen und tief in unser Territorium vordrangen, nachdem sie Hunderte von sowjetischen Flugzeugen noch am Boden zerstört hatten.

In Moskau schien die Lage unterdessen völlig ruhig zu sein. Es gab nicht das geringste Anzeichen einer Panik. Das Radio übertrug weiterhin dieselbe fröhliche Musik und dieselben Berichte über die Erfolge der heimischen Wirtschaft. Doch zwanzig Minuten vor Zwölf kündigte der Radiosprecher eine Erklärung des Genossen Molotow, Vorsitzender des Sovnarkom, an. Molotow gab mit zögernder Stimme den Angriff der deutschen Streitkräfte bekannt und rief dazu auf, die Landesverteidigung zu organisieren.

Die deutschen Truppen stießen rasch in Richtung Moskau vor. Die Gefahr einer Bombardierung der Hauptstadt wuchs mit jedem Tag. Eine der ersten Maßnahmen, die das Politbüro angesichts dieser alarmierenden Lage am 26. Juni 1941 ergriff, betraf die Überführung von Lenins Leichnam nach Tjumen, einer Kleinstadt in Westsibirien. Am selben Tag ließ Stalins Sekretär, Poskrebyschew, den Parteisekretär von Tjumen wissen, daß in seiner Stadt in Kürze ein Gegenstand von außerordentlicher Bedeutung eintreffen werde. Die Nachricht sei streng vertraulich zu behandeln. Daß die Wahl auf Tjumen fiel, war kein Zufall. Der Ort lag jenseits des Ural, weit entfernt von den großen Industriezentren. Eine Bombardierung durch feindliche Flugzeuge war daher wenig wahrscheinlich.

Von den unmittelbaren Mitarbeitern des Mausoleums wurde nur mein Vater von dieser Entscheidung in Kenntnis gesetzt. Man beauftragte ihn persönlich, einen geeigneten Sarg für die Evakuierung vorzubereiten und die nötigen Instrumente zusammenzustellen. Der Sarg mit Lenins Leichnam wurde in eine große Holzkiste verpackt. Hinzu kamen zwei Glaswannen, chemische Reagenzien und weitere Apparaturen für die Konservierung der Leiche. Professor Sergej Mardaschew und ich erfuhren den Zielort erst am 3. Juli. Am Abend dieses Tages holte uns ein Wagen des NKWD von unserer Wohnung ab. Man brachte uns zur Eisenbahn nach Jaroslawl, wo uns auf einem Abstellgleis ein schwerbewachter Sonderzug erwartete. Ich erinnere mich, daß wir auf unserer Fahrt die erste Rede Stalins seit Beginn der Feindseligkeiten hörten: „Genossen und Genossinnen, Brüder und Schwestern, meine Freunde, in dieser schweren Stunde wende ich mich an euch […]." Er lobte die Errungenschaften und die Siege des russischen Volkes. Zum erstenmal wandte er sich mit solch warmherzigen Worten an das Volk. Ich hatte Stalins Stimme zuvor noch nie gehört, und ich muß sagen, sein starker georgischer Akzent und seine ungenaue Aussprache des Russischen überraschten mich. In dieser berühmt gewordenen Rede rief Stalin auf, alles niederzubrennen und zu zerstören, damit der Eindringling nicht Fuß fassen könne.

Um 21 Uhr fuhren wir ab. Der Juli war in jenem Jahr außergewöhnlich heiß. Daher hatte man den Sarg aus Platanenholz, in dem Lenins Leichnam lag, mit einer Schicht Paraffin überzogen. Der Deckel ließ sich entlang einer mit Vaseline geschmierten Nut auf- und zuschieben. Die verpackte Leiche befand sich in einem gesonderten Waggon mit verhängten Fenstern. Tag und Nacht hielten wir abwechselnd Wache. Im selben Zug reisten auch der Kommandant des Mausoleums, Kirjuschin, dessen Familie sowie eine Abordnung von Offizieren und Soldaten des Kreml mit. Insgesamt waren mit der Bewachung des „Frachtstücks Nr. 1" rund 40 Personen beauftragt. Auf den Straßen entlang der Eisenbahnschienen hatte man in größeren Abständen Wachen der Roten Armee postiert, um den Zug vor möglichen Angriffen zu schützen. In jedem Bahnhof hielten Soldaten die herandrängenden Menschen zurück, die vor

Das „Mausoleum von Tjumen" in Westsibirien. Hier lagerte Lenins Leichnam während des Zweiten Weltkriegs. Die Grabkammer befand sich im ersten Stock (drittes Fenster von links).

den Bombenangriffen der deutschen Luftwaffe in Richtung Osten zu fliehen suchten.

Das Mausoleum veränderte unterdessen sein Aussehen. Man umgab es mit einem Gerüst aus Metallrohren und überzog es mit einer schwarzen Plane. Anläßlich der historischen Parade der Truppen, die Moskau verteidigt hatten, wurde diese sperrige Tarnung am 7. November 1945 wieder abgebaut.

Am 7. Juli kamen wir in Tjumen an, wo wir von den führenden Persönlichkeiten der Stadt, dem Sekretär des Parteikomitees D. S. Kuptzow, dem Ratsvorsitzenden S. I. Zagrignajew und dem regionalen Chef des NKWD S. I. Kosow, empfangen wurden. Sie erfuhren erst bei unserer Ankunft, was es mit dem „geheimen Gegenstand", von dem Stalins Sekretär gesprochen hatte, auf sich hatte.

Der „Gegenstand" wurde am folgenden Tag in einem massiven zweistöckigen Gebäude der städtischen Landwirtschaftsschule untergebracht. Das Gebäude war von einer Backsteinmauer mit aufgepflanzten Metallverstrebungen umgeben und von der übrigen Stadt hermetisch abgeriegelt. Die Räumlichkeiten waren sehr verschmutzt, die Wasserleitungen defekt. Wir mußten fast alle Rohre reparieren. Nach unserer Ankunft wurde das Gebäude in „Sitz des NKWD" umgetauft. Im Volksmund hieß es wegen seiner hellen Fassade „Weißes Haus".

Der Raum, in dem der Leichnam aufgebahrt wurde, lag im ersten Stock im linken Flügel des Gebäudes. Um den Sarg vor Sonneneinstrahlung zu schützen, beschloß man, die Fenster zu vermauern. Das Zimmer wurde mit Ölfarbe neu gestrichen, die Stuckarbeiten wurden ausgebessert. Das Laboratorium richteten wir in den Nebenzimmern ein. Ende Juli traf ein zweiter Sonderzug mit den chemischen Reagenzien und den Kühlaggregaten, die wir für unsere Forschungen benötigten, in Tjumen ein. Die Kühlaggregate fanden in der „Apparatekammer" Platz, die neben der „Grabkammer" lag. So richteten wir im ersten Stock des linken Gebäudeflügels nach und nach wieder ein provisorisches Mausoleum ein.

Anfangs hatten wir einige Materialprobleme, etwa bei der Versorgung mit destilliertem Wasser, das für die Zubereitung des Bads unerläßlich war. Wie sich herausstellte, war es nur in Omsk erhältlich, mehrere hundert Kilometer von Tjumen entfernt. Abgesehen von solchen Schwierigkeiten waren unsere Arbeitsbedingungen eher erfreulich. Wir konnten arbeiten, wann wir wollten, und verbrachten die meiste Zeit mit der Korrektur kleinerer Mängel am Leichnam. Das Gebäude, in dem wir arbeiteten, wurde von Grund auf gereinigt. Sämtliche Räume wurden mit Linoleum ausgelegt und die Decken neu getüncht. Wir legten den Leichnam regelmäßig in ein großes „Balsambad" und machten uns an die Beseitigung der Mängel, die der Untersuchungskommission von 1939 aufgefallen waren. In Tjumen stand uns für unsere Arbeit am Leichnam mehr Zeit zur Verfügung als in

Moskau, mit dem Ergebnis, daß sich die Leiche, als unser hiesiger Aufenthalt 1945 zu Ende ging, in einem weit besseren Zustand befand als zuvor. Die Zeit in Tjumen bedeutete für Lenin eine Art Neueinbalsamierung.

Die Bevölkerung von Tjumen hatte in jenen schrecklichen Kriegsjahren mit Schwierigkeiten aller Art zu kämpfen: Hunger, Stromausfälle, Wasser- und Brennstoffmangel usw. Unsere Arbeitsbedingungen hingegen ließen dank der Bemühungen der städtischen Behörden nichts zu wünschen übrig. Unser Gebäude war stets gut beleuchtet. Wir konnten uns immer satt essen. Ich würde sogar sagen, daß wir für die damaligen Umstände in Saus und Braus lebten. Aber es bedrückte mich, daß wir das Vaterland nicht mit der Waffe in der Hand verteidigen konnten und daß die Verwundeten unter solch schlechten Bedingungen behandelt werden mußten.

Die Soldaten und Offiziere der Kreml-Wache fanden dennoch Grund, sich über das Essen zu beklagen. Das wunderte uns sehr. Doch nachdem ich 1942 einmal im Kreml war, verstand ich ihre Unzufriedenheit. Nie zuvor in meinem Leben hatte ich eine so üppig versorgte Kantine gesehen. Während die Moskauer Bevölkerung hungerte, konnten wir dort die raffiniertesten Speisen bestellen, und nach der Mahlzeit durften wir sogar Butter, Käse, Schinken und herrliches Weißbrot mit nach Hause nehmen.

Die NKWD-Truppen im allgemeinen und die Kreml-Einheiten im besonderen genossen zahlreiche Privilegien und waren, da sie per se als „mobil gemacht" galten, von den Kampfhandlungen freigestellt. Wie ich später erfuhr, blieb der Krieg auf diese Weise mehr als zwei Millionen Geheimdienst-Agenten erspart. Sogar in Kriegszeiten unterhielt Stalin aus Angst vor einer Volkserhebung eine mächtige Armee von Spitzeln.

Neben meiner Arbeit am Leichnam lehrte ich am Pädagogischen Institut von Tjumen anorganische, organische und biologische Chemie und hielt am Medizinischen Institut von Kuban, dessen Lehrkräfte und Studenten nach Tjumen evakuiert worden waren, später auch Vorlesungen in allgemeiner Chemie. Durch meine Lehrtätigkeit kam ich schnell in Kontakt mit der einheimischen Bevölkerung. Obgleich der Grund unseres Aufenthalts streng geheim war, fanden die Leute schließlich doch heraus, was es mit dem fraglichen „Gegenstand" auf sich hatte. Im übrigen genügte ein Blick in die Enzyklopädie, um zu erfahren, welches Amt mein Vater bekleidete.

Obwohl wir 1500 Kilometer von Moskau entfernt lebten, verfolgten wir die internationalen Neuigkeiten, die Lage an der Front sowie die Lebensumstände der Moskauer Bevölkerung mit großem Interesse. Die meisten Informationen bezogen wir aus ausländischen Rundfunksendungen. Über die Ereignisse an der Front informierten uns Flüchtlinge aus dem Westen. Als wir am 16. Oktober 1941 erfuhren, daß die deutschen Truppen bis in die Randbezirke von Moskau vorgedrungen waren und die Eroberung der Hauptstadt nicht mehr ausgeschlossen werden konnte, waren wir zutiefst verzweifelt. Die Lage spitzte sich so weit zu, daß man sämtliche Führungspersönlichkeiten evakuierte. In dieser Stunde ergriff der Stadtratsvorsitzende, ein gewisser Pronin, das Wort. Seine Rede, die mit Ungeduld erwartet wurde, bestand aus einer Aneinanderreihung der unglaublichsten Belanglosigkeiten. Immer wieder betonte er, daß das Leben in der Stadt, die öffentlichen Badeanstalten, die Friseurgeschäfte und was dergleichen mehr war, reibungslos funktionierten. Wie ich später erfuhr, geriet die Bevölkerung nach dieser Rede in schreckliche Panik. Die meisten versuchten zu fliehen und stürmten die wenigen, völlig überlasteten Züge.

Während eines Besuchs in Moskau 1942 fuhr uns der Chef unseres Sonderzugs, ein Oberst des NKWD, einmal in die nähere Umgebung von Moskau, rund 30 Kilometer in

Richtung Minsk. Links und rechts der Schienen war die Landschaft mit abgeschossenen Flugzeugen, zerstörten Panzern und Lastwagen übersät, von denen nur ein Haufen Schrott übrig geblieben war – ein unvergeßlicher Anblick, der uns einen Eindruck davon vermittelte, wie heftig die Kampfhandlungen gewesen sein mußten.

Die Moskauer Bevölkerung litt unterdessen Hunger. Für die meisten stellte die Lebensmittelbeschaffung ein weit größeres Problem dar als die Bombenangriffe der deutschen Luftwaffe. Doch als bekannt wurde, daß es der Roten Armee gelungen war, die deutschen Bodentruppen aus den westlichen Randbezirken Moskaus zurückzudrängen, schöpfte die Bevölkerung wieder Hoffnung. Ab 1943 besserte sich die Lage an der Front. Schon kämpften unsere Soldaten im Feindesland.

Unser Leben in Tjumen gestaltete sich überaus angenehm. Je näher das Ende des Krieges rückte, desto mehr Freizeit genossen wir. Wir gingen angeln und auf die Jagd. Wild war reichlich vorhanden; im Herbst schossen wir Enten und Birkhähne, im Winter Hasen. Bei einem unserer Jagdausflüge hatte ich Gelegenheit, das Dorf Pokrowskoje kennenzulernen, in dem Rasputin vor seinem ungewöhnlichen Aufstieg in die höhere Gesellschaft von Sankt Petersburg zu Hause war. Die Alten von Pokrowskoje erinnerten sich noch an den berühmten Heiler. Wie sie mir anvertrauten, galt Grigori Rasputin, bevor er das Mönchsgewand anlegte, als Gauner, Pferdedieb und ausschweifendes Subjekt. Genau deshalb, sagten sie, habe man ihn Rasputin genannt, denn *rasputstwo* bedeutet im Russischen „Ausschweifung". Sie erinnerten sich auch, daß der Weg zu seinem Haus mit Teppichen bedeckt war, als Zarin Alexandra Fedorowna das Dorf kurz vor dem Ersten Weltkrieg besuchte.

Ende 1943 traf zum 20. Todestag Lenins eine Regierungskommission unter Leitung des Volkskommissars für Ge-

Die Professoren Zbarski jun. und sen. (Ilja Zbarski rechts außen) und Mitglieder der staatlichen Untersuchungskommission, die den Zustand des Leichnams während seiner Lagerung in Tjumen 1942 überprüften. Mardaschew (zweiter von rechts) wurde nach der Verhaftung meines Vaters 1952 zum Direktor des Mausoleums ernannt.

sundheit, Georgi Miterew, in Tjumen ein. Nach einer erneuten Inspektion des Leichnams verlieh die Regierung meinem Vater den Lenin-Orden sowie die höchste Auszeichnung der Sowjetunion „Held der sozialistischen Arbeit". Ich selbst wurde mit dem Orden „Rotes Banner der Arbeit" ausgezeichnet.

Unterdessen ging der Krieg auf feindlichem Boden weiter. Wir fuhren nach Moskau, um den Rücktransport des Leichnams ins Mausoleum vorzubereiten. Die Überführung fand im März 1945 statt, kurz vor der Besetzung Berlins durch sowjetische Truppen.

9. BERLIN 1945

„Oberst Deborin war schon hier ..."

Berlin, 15. Mai 1945. Die Bilder überstürzen sich in meinem Kopf: zerbombte Häuser, zerstörte Brücken, ausgebrannte Panzer. Einige Flüchtlinge ziehen einen kleinen Karren hinter sich her, ein russischer Soldat stiehlt einer Deutschen das Fahrrad, Männer knien auf dem Bürgersteig und zerlegen ein erschossenes Pferd, Myriaden von Fliegen schwirren über dem halb verwesten Kadaver. Überall riecht es nach Tod, herrscht Verzweiflung.

„Fasanenstraße", frage ich auf deutsch einen Alten, der einen großen Sack Kartoffeln hinter sich her schleppt. Der Mann deutet in unsere Fahrtrichtung. Ich springe in den Wagen. Zweite Straße links, dritte rechts. Mein Finger gleitet über die Karte, die uns unser Generalstab an jenem Morgen übergab. „Stop! Halten Sie! Hier ist es", sage ich zu unserem Chauffeur, ein Soldat der Roten Armee.

Ich öffne die hintere Wagentür. Mein Blick fällt auf die Trümmer eines Backsteingebäudes, dessen Gebälk noch raucht. An der Tür ein Schild mit der Aufschrift: „Firma Merck. Neue Adresse: Kurfürstendamm 17." „Schon wieder!" entfährt es mir wütend. Seit wir die Firma Merck suchen, ist das schon die fünfte Adreßänderung. Langsam geben wir die Hoffnung auf, eines Tages doch noch die chemischen Reagenzien dieses renommierten Handelshauses in die Finger zu bekommen.

Bei der angegebenen Adresse angekommen, stürzen wir uns in den Eingang eines alten Gebäudes. Es ist dunkel. Der Lichtschalter funktioniert nicht, der Aufzug auch nicht. Seit Anfang Mai sind mehrere Stadtteile ohne Strom. Wir tasten uns die Treppen hinauf. Im sechsten Stock bemerken wir einen weißen Zettel an der Wand. Wir zünden ein

Streichholz an und lesen: „Merck". Wir klopfen an. Ein hochgewachsener Mann mit angegrauten Schläfen empfängt uns. „Firma Merck?", frage ich ihn. „Da sind Sie hier richtig", antwortet der Angestellte. Seine Kleidung ist angesichts der herrschenden Not tadellos: rot-goldenes Seidenhalstuch, Glencheckanzug, blank gewienerte englische Schuhe aus gelbem Leder. „Bitte treten Sie doch ein", sagt er und schlägt die Hacken zusammen. Wir folgen ihm durch einen langen dunklen Gang, an dessen Ende er uns in einen geräumigen Salon bittet.

„Wir kommen", erklärt Mardaschew, mein Kollege am Mausoleumslaboratorium, ohne Umschweife, „wegen der Reagenzien und ..." „Meine Herren", unterbricht ihn der Angestellte, „ich fürchte, da sind Sie hier an der falschen Adresse. Wir sind hier nur eine Handelsvertretung. Sie werden, was Sie suchen, wahrscheinlich in unserer Fabrik in Darmstadt finden." Darmstadt liegt aber auf westalliiertem Gebiet. Ausgeschlossen, dorthin zu fahren: zu weit. Wir können unsere Enttäuschung nur schwer verbergen. Ich durchmustere den Raum, um sicherzugehen, daß der Mann die Wahrheit spricht. Einige Gemälde großer Meister, Orientteppiche, Statuetten und silberne Leuchter liegen verstreut auf dem staubigen Boden. „Sehen Sie nur, in welches Elend uns dieser Krieg gestürzt hat", sagt der Handelsvertreter mit einer ausladenden Handbewegung. „Das soll Elend sein! Man sieht, daß er nie in der UdSSR war", sage ich zu mir selbst.

Die Biochemiker Sergej Mardaschew, Nikolaj Deumin und ich hatten den Befehl erhalten, im besiegten Deutschland sämtliche chemischen Reagenzien und Geräte zu beschlagnahmen, die das Mausoleumslaboratorium gebrauchen konnte. Wir traten zu diesem Zweck als Offiziere der Roten Armee auf. Mardaschew war als Oberst verkleidet, Deumin und ich trugen die Uniform eines Oberstleutnants.

Wir sollten zuerst im Berliner Westsektor auf Beutezug gehen, denn dieser Teil der Stadt sollte schon bald den Westalliierten übergeben werden. Mit ein paar Mark in der Tasche, einem Fahrer und einem Auto ausgerüstet – das wir einem Deutschen abnahmen –, hatten wir fünf Wochen Zeit, um unsere Untaten auszuführen.

Nach den ergebnislosen Nachforschungen bei der Firma Merck steuerten wir Dahlem an. Dort befand sich das Kaiser-Wilhelm-Institut, das eines der weltweit renommiertesten Laboratorien für Biochemie beherbergte. Wir waren uns beinahe sicher, auf einen regelrechten Schatz zu stoßen: seltene Reagenzien, Mikroskope, Zentrifugen, Kolorimeter, Spektrometer, Photometer, Polarimeter und was dergleichen mehr ist. Am Tor erkundigten wir uns zunächst nach dem Verbleib des Labordirektors, des berühmten Biochemikers Otto Warburg. „Er arbeitet hier nicht mehr. Er ist Vierteljude, Sie verstehen. Er durfte in der Region Berlin nicht arbeiten. Derzeit lebt er in Löwenburg, einer Ortschaft rund 200 Kilometer von Berlin entfernt", vertraute uns der Pförtner des Instituts an. Wir fühlten uns wie erleichtert. Zumindest der hervorragende Wissenschaftler würde dem unwürdigen Schauspiel unseres Diebstahls nicht beiwohnen. Doch auch hier gingen wir leer aus. Man hatte das Labor bereits vollständig ausgeräumt. „Ihr Landsmann, Oberst Deborin war gestern schon hier und hat alles mitgenommen", erklärte mit untröstlicher Miene ein junger deutscher Wissenschaftler.

Als nächstes fuhren wir im Eiltempo zur Humboldt-Universität. Die schwarz verrußte Vorderfront des Gebäudes Unter den Linden, wo der Straßenkampf am schrecklichsten gewütet hatte, war mit Einschußlöchern übersät. Wir fragten uns zum Lehrstuhl für Biochemie durch, doch auch hier lautete die Antwort: „Oberst Deborin war schon hier."

Wir waren außer uns vor Wut. Die Trophäenjagd hatte vor kaum einer Woche begonnen, und schon kamen wir zu spät! Unser Konkurrent Gawril Deborin beschlagnahmte im Auftrag des Instituts für Biochemie, an dem er als Forschungsleiter tätig war. Er stand den führenden Köpfen der Sowjetischen Akademie der Wissenschaften nahe. Wir konnten uns über sein unlauteres Vorgehen kaum beschweren; wir handelten ja genauso.

Wir beschlossen, unsere Suche in den folgenden Tagen getrennt fortzusetzen, um unsere Erfolgschancen zu erhöhen. Mardaschew behielt Fahrer und Auto, Deumin und ich gingen zu Fuß und benutzten die öffentlichen Verkehrsmittel.

Was mich auf meinen Erkundungszügen durch die Stadt am meisten verblüffte, waren der Gehorsam und die Disziplin der Deutschen. Innerhalb weniger Tage war es ihnen gelungen, einige U-Bahn- und Buslinien wieder in Betrieb zu nehmen. Ein merkwürdiges Murmeln erfüllte die Straßen, eine Art Zischen, das im Rhythmus einer Dampflok ein- und aussetzte. Männer, Frauen und Kinder bildeten Ketten und reichten sich mit Steinen gefüllte Eimer weiter; sie beseitigten den Schutt, der die Straßen versperrte. Bei jeder Eimerübergabe sagten sie zu ihrem Nachbarn „bitte schön", worauf letzterer mit einem „danke schön" antwortete – daher das rhythmische Gemurmel.

Einmal hörte ich in der U-Bahn, wie sich eine alte Frau über die galoppierende Inflation und die Lebensmittelknappheit beklagte. Im selben Wagen fuhren auch einige sowjetische Offiziere mit, die die Alte sicherlich nicht verstehen konnten. „Schämen Sie sich denn nicht", empörten sich da im Chor die anderen deutschen Fahrgäste, „Sie setzen das Leben Ihrer Landsleute aufs Spiel. Seien Sie still! Hören Sie, seien Sie still!"

Im selben Geist der Unterordnung packten die Angestellten der Chemieunternehmen, die wir besuchten, das von uns beschlagnahmte Material ein. Sie gingen mit großem Arbeitseifer ans Werk und sortierten die Reagenzien sorgfältig in Kartons. Von den ukrainischen Mädchen, die wir anfangs mit dieser Tätigkeit betraut hatten, ließ sich das nicht behaupten. Sie schafften es trotz unserer Anweisungen, die Fläschchen mit dem Kopf nach unten einzupacken, so daß ätzende Säuren austraten. Die in der UdSSR üblichen Arbeitsmethoden hatten diese Ukrainerinnen offenkundig noch nicht abgelegt.

Der Gehorsam der Deutschen war im wesentlichen durch Angst motiviert. „Stimmt es, daß bald die Mongolen nach Berlin kommen und alles noch viel schlimmer wird?", fragte mich eine Frau verängstigt. Und für die zerstörten Häuser und zerbombten Straßen waren natürlich nur die „Tommies" verantwortlich – wie man die Briten nannte. „Ihr Russen hättet das nie getan", lautete die stehende Redewendung der Berliner.

Widerstand war selten. Nur einmal wurde ich Augenzeuge einer solchen Handlung. An jenem Tag hatte ich mir vorgenommen, zusammen mit Mardaschew die Militärakademie für Medizin zu inspizieren. Wir dachten, zumindest dort habe Oberst Deborin bestimmt noch nicht herumgeschnüffelt. Und was sahen wir, nachdem wir einen langen Gang durchschritten hatten? Einen Berg von Wehrmachtsuniformen, aufgehäuft in der Mitte eines riesigen Raums. Uns wurde klar, daß sich die deutschen Soldaten hier ihrer kompromittierenden Kleidung entledigten, um ihre Haut zu retten. Wir wollten den Ort gerade verlassen, als wir am anderen Ende des Flurs einen deutschen Offizier erblickten, eine Waffe in der Hand. Der Mann eröffnete sogleich das Feuer. Wir konnten gerade noch hinter einer Wand in Deckung gehen. Kurz darauf eilige Stiefelschritte, eine Tür fällt ins Schloß. Ich strecke meinen Kopf in den Gang. Niemand. Den Offizier hatte scheinbar die Angst gepackt. Wir waren gerade noch einmal davongekommen. Zurück im Hauptquartier, erstatteten wir Bericht. Ab sofort durften wir nicht mehr ohne Revolver in die Stadt gehen.

Die Angst der Deutschen erklärte sich aus dem mitunter wenig rühmlichen Verhalten unserer Soldaten. Die Angehörigen der Roten Armee, die es nach Alkohol dürstete, waren Legion; sie schöpften ab, was sie im Keller von Kneipen, Restaurants und Hotels finden konnten. Was irgendwie nach einer Flasche aussah, wurde auf der Stelle hinuntergekippt. Tragische Zwischenfälle konnten dabei nicht ausbleiben. Eines Tages besuchte ich zusammen mit Mardaschew ein Militärhospital, wo einige der Unsrigen über den Verlust ihres Augenlichts klagten. Wir erkundigten uns beim diensthabenden Arzt nach der Ursache ihrer Erblindung. „Diese Männer", antwortete er, „haben Methylalkohol getrunken. Sie konnten ihn am Geruch nicht unterscheiden, als sie ein Labor nach Alkohol durchsuchten."

Auf die Dauer wurde den Berlinern dieses Verhalten von Wilden zuviel. Als ich einmal mit der Straßenbahn nach Karlshorst fuhr, wo unser Generalstab Quartier bezogen hatte, fiel mein Blick auf eine Frau, die durch ihre edlen Gesichtszüge hervorstach. Sie hatte dunkelbraunes Haar, ein ausgesprochen ebenmäßiges Profil, dunkelgraue weit auseinanderliegende Augen, einen matten Teint und eine stolze Haltung. Ich wollte sie gerade ansprechen, als ein müßiges Panzerregiment in unsere Straße einbog. Ihre schweren Ketten fraßen sich ins Pflaster. Auf den Drehtürmen hockten Soldaten und grölten, eine Flasche in der Hand, zotige Lieder. Die Panzer walzten auf ihrem Weg alles platt: Ampeln, Bushaltestellen, eine Gartenhecke. Ich wandte mich erneut der schönen Unbekannten zu; Tränen liefen über ihr Gesicht.

Trotz dieser bedauernswerten Entgleisungen entspannen sich zahllose Liebesromanzen zwischen russischen Soldaten und deutschen Frauen. Nachdem Millionen deutscher Männer an der Front umgekommen waren, hatten viele Frauen Sehnsucht nach einem Mann. Ich selbst lernte bei unseren Nachforschungen im Berliner Nordosten eine junge Deutsche kennen. Ich befand mich an jenem Tag in Begleitung meines Kollegen Nikolaj Deumin. Wir durchquerten den Park von Weißensee, als wir die schlanke Silhouette zweier junger Frauen bemerkten. Die eine war groß und hellblond, die andere von mittlerer Größe und dunkelblond. Wir fragten sie nach dem Weg. Sie hießen Helga und Ursula. Ich war von Helgas Schönheit fasziniert. Sie hatte eine hohe breite Stirn, hellgraue Mandelaugen und kirschrote Lippen, ihre durchscheinenden Schläfen waren von bläulichen Venen durchzogen, ihre Nase glich der einer griechischen Göttin, und wenn sie mit ihrer zarten Stimme sprach, schüttelte sie unaufhörlich eine widerspenstige Haarsträhne zur Seite, deren Spitze immer wieder an ihren Mundwinkel zurücksprang.

Erfreut über diese unerwartete Begegnung, verabredeten wir uns für den nächsten Tag zu einem Spaziergang am Tegeler See. Deumin ging mit Ursula voraus, Helga und ich folgten. Ich fragte sie nach ihren Erinnerungen aus der Schulzeit unter Hitler. Sie antwortete, daß sie ein gerüttelt Maß an „Grundlagen des Nationalsozialismus" und „Rassentheorie" zu pauken hatte und daß diese Fächer sie, wie die anderen Schüler auch, anwiderten. Das kam mir merkwürdig bekannt vor. Es erinnerte mich an unsere politischen Fächer „Gesellschaftswissenschaft" und „Parteigeschichte". Sie hatte, wohl aus Protest, auch Schriftsteller gelesen, die unter der Naziherrschaft verboten waren. „Kommen Sie mit zu mir", sagte sie nach unserem dritten Rendezvous, „ich zeige Ihnen die Bücher, die ich vor der Verbrennung gerettet habe. Ich habe sie in einem Versteck aufbewahrt." Bis spät in die Nacht lasen wir zusammen Gedichte von Heine und Übersetzungen von Gogol.

Helga wohnte in Niederschönhausen, und die abendliche Rückkehr ins sowjetische Hauptquartier, das am anderen Ende der Stadt lag, war ein kompliziertes Unterfangen. Die öffentlichen Verkehrsmittel funktionierten noch nicht richtig.

Helga lud mich ein, die Nacht bei ihr zu verbringen. Sie lebte in einem kleinen zweistöckigen Landhaus, an das ich mich merkwürdigerweise kaum erinnern kann. Ich weiß nur noch, daß die Fensterscheiben bei einer Explosion zu Bruch gegangen waren. Helgas Mutter, von französischer Abstammung, hatte ihr Leben bisher als Hausfrau verbracht. Ihr Mann, von Beruf Bauleiter, war im Krieg ums Leben gekommen. Die rasche Entwertung der Reichsmark und die galoppierende Inflation hatten die wenigen Ersparnisse, die er ihr hinterlassen hatte, bereits aufgefressen. So konnten sich Helga und ihre Mutter nur unter großen Schwierigkeiten über Wasser halten.

Indes hatte sich die Versorgungslage in der Stadt schrittweise verbessert. Am Brandenburger Tor blühte der Schwarzmarkt. Eine bunte Menge von Franzosen, Polen, Holländern, Roma und Ukrainern bot alle möglichen Erzeugnisse an, verkümmerte Kartoffeln, ein gelbliches Huhn, getrockneten Fisch, Flaschenbier. Es waren Zwangsarbeiter, die zu Hunderttausenden auf die Rückführung in ihr Heimatland warteten,

Schon am 20. Mai hatten die Sondergeschäfte für die sowjetischen Truppenkontingente ihre Pforten geöffnet. Wir fanden dort alle möglichen Käsesorten, Wurst, Orangen, Wein usw. – Erzeugnisse, die man in Moskau nur schwer auftreiben konnte. Wir bezahlten unsere Einkäufe mit „Militärmark", einer künstlichen Währung, die nach der Alliiertenkonvention in Umlauf gebracht worden war. Die Einführung dieses auf quadratischen Scheinen gedruckten Pseudogelds heizte die Inflation weiter an.

Die Arme voller Lebensmittel, ging ich Abend für Abend zu Helga. Eines Tages, als wir mit ihrer Mutter gerade beim Abendessen saßen, klopfte es an der Tür. Ein Leutnant der Roten Armee stellte sich vor. Sein Vorgesetzter beabsichtige, in diesem Haus Quartier zu beziehen. „Leutnant", erwiderte ich mit energischer Stimme, „ich wohne bereits in diesem Appartement, und ich denke nicht, daß hier Platz für zwei ist." Ich wies ihn darauf hin, daß ich als Oberstleutnant einen höheren Dienstgrad besaß als sein Vorgesetzter. Er ahnte natürlich nicht, daß meine Uniform nur Verkleidung war. Wahrscheinlich hatte auch der betreffende Offizier ein Auge auf Helga geworfen. Eines Nachts erzählte sie mir, wie ihr ein russischer Offizier am 1. Mai, wenige Tage vor dem Einzug der sowjetischen Truppen in Berlin, eine Pistole an den Mund gesetzt und sie vergewaltigt hatte. Ich war fassungslos. „Schläfst du nur deshalb mit mir, weil ich auf der Seite der Sieger stehe?", fragte ich sie. „Oh nein, wirklich nicht, du gefällst mir einfach", antwortete sie und fixierte mich mit ihren graublauen Augen.

Helga war damals achtzehn Jahre alt, ich einunddreißig. Ich war sehr verliebt in sie. Wenn ich ihrer aschblonden Mähne auf den verschlungenen Wegen durch das zerstörte Berlin folgte, wirkte sie auf mich wie eine unerreichbare Walküre. Sie zeigte mir, wo sie ihre Kindheit verbracht hatte, das Haus ihrer Großeltern, die Kirche, in die sie sonntags ging, ihre Schule. Die meisten dieser Gebäude lagen in Schutt und Asche.

Als wir eines Abends im Schloßpark spazierengingen, wurden wir plötzlich vom Scheinwerferlicht eines Militärlastwagens geblendet. Noch bevor wir Zeit hatten, uns abzuwenden, drückten uns sowjetische Soldaten gegen das Fahrzeug und begannen uns zu durchsuchen. Ein Oberleutnant meinte zu mir: „Auf frischer Tat mit einer Deutschen ertappt, Genosse Oberstleutnant!" Er nahm uns ins Hauptquartier mit, wo man mich sofort identifizierte. „Wissen Sie", warnte mich ein General, „daß Sie im Wiederholungsfall eine schwere Gefängnisstrafe zu gewärtigen haben?" „Ich habe das Mädchen nur nach dem Weg gefragt", antwortete ich mit unschuldiger Miene. „Diesmal will ich noch ein Auge zudrücken", schloß er und gab mir meine Papiere zurück.

Mein Aufenthalt in Berlin neigte sich dem Ende zu. Mit großem Schmerz sah ich der Trennung von Helga entgegen. Doch mir blieb keine andere Wahl, und so teilte ich ihr meine bevorstehende Rückkehr mit. Sie gab mir ein Foto von sich, auf dessen Rückseite sie zwei Strophen eines deutschen Schlagers geschrieben hatte:

Reich mir zum Abschied noch einmal die Hände,
good-night, good-night, good night.
Schön war das Märchen, nun ist es zu Ende,
good-night, good-night, good night.

Einmal da schlägt für uns die Stunde,
in der wir unser Sehnen einsam tragen.
Einmal da blutet eine Wunde,
und du mußt unter Tränen zu mir sagen:

Reich mir zum Abschied noch einmal zu Ende,
good-night, good-night, good night.

Als ich meinen Koffer gepackt hatte, wartete ich an der Tür auf sie. Sie kam nicht. „Was ist los?", fragte ich ihre Mutter beunruhigt. „Sie weint", antwortete sie. Ich eilte in ihr Zimmer und umarmte sie zärtlich.

Ich habe ihr Foto bis 1952 wie einen Schatz gehütet. Doch als sich abermals eine Welle des Terrors über die UdSSR ergoß, mußte ich einsehen, daß mich die deutschen Verse auf der Rückseite des Fotos in Gefahr bringen könnten. Ich beschloß, das Foto zu zerreißen. Ich weiß nicht, was aus Helga geworden ist. Vielleicht ist sie, wie sie damals plante, in die Vereinigten Staaten gegangen und Schauspielerin geworden. Sie hatte dort Freunde jüdischer Abstammung, die in den dreißiger Jahren ausgewandert waren und ihr Hilfe zugesichert hatten. Im Jahre 1973 lud mich Professor Rapoport anläßlich eines Symposiums über die Biochemie der Erythrozyten nach Berlin ein. Er wohnte im selben Viertel wie Helga. Lange durchstreifte ich die Straßen von Niederschönhausen auf der Suche nach ihrem Haus, doch vergebens.

Mitte Juni hatten wir nach zahlreichen Beutezügen durch die Berliner Handelshäuser und Laboratorien alles nötige Material zusammengetragen. Nun mußten wir noch Mittel und Wege finden, unsere „Trophäen" nach Moskau zu schaffen. Ich ging mit Nikolaj Deumin zum Versandbüro am Ostbahnhof. Eine dicht gedrängte Menge russischer Offiziere beschimpfte den diensthabenden Beamten. Dieser ließ die Tiraden stoisch über sich ergehen, denn er besaß einen niedrigeren Dienstrang. Wer am lautesten brüllte, hatte in der Regel die besten Chancen, einen Waggon für seine Trophäen zu ergattern. Deumin und ich waren in dieser Rüpelhaftigkeit nicht sonderlich geübt und verloren das Spiel.

Am folgenden Tag startete Deumin einen weiteren Versuch. Er stürzte sich entschlossen in die Menge und kehrte nach einer halben Stunde mit triumphierender Miene zurück. „Hast du den Beamten auch beschimpft?", fragte ich ihn, erstaunt über seinen schnellen Erfolg. Ganz im Gegenteil, er hatte sich sehr zuvorkommend gezeigt. „Sie sind der erste", hatte ihm der Beamte erklärt, „der mir höflich gegenübertritt. Vor dem Krieg war ich Richter. Da sprachen die Leute in einem anderen Ton mit mir. Ich gebe Ihnen einen Waggon."

Reagenzgläser, Chemikalien, Mikroskope, Photometer, Zentrifugen, elektrische Pumpen – alles wurde Hals über Kopf in einen Zug Richtung Moskau gestopft. Wir freuten uns schon auf die Arbeit mit diesen leistungsfähigen Apparaturen. Aber lange Zeit schämten wir uns vor unseren deutschen Kollegen wegen unserer rüden Methoden. Denn was wir uns in Berlin damals erlaubten, war nicht gerade rühmlich.

Mein Aufenthalt in Deutschland im Juni 1945 gestattete es

mir leider nicht, der Siegesparade in Moskau beizuwohnen. Ich bedaure das sehr, denn wie man mir berichtete, war es bei weitem der bewegendste Aufmarsch, den der Rote Platz je erlebte. Freunde und Bekannte, die bei den Feierlichkeiten zugegen waren, erzählten mir den Ablauf später in allen Einzelheiten. Die Parade fand am 24. Juni 1945 statt. An jenem Morgen lag ein langes Nebelband über dem Platz, und kurz vor Beginn der Feierlichkeiten begann es zu regnen. „Der Himmel beweint unsere Toten", meinte da ein Moskauer, der sich am Rand des Kremls aufhielt.

Die besten Soldaten von allen zehn Fronten, an denen die Rote Armee gekämpft hatte, wurden in Reih und Glied gegenüber dem Mausoleum aufgestellt. Um Punkt 10 Uhr erscholl der Slawsja-Marsch von Glinka. Marschall Shukow erschien als erster auf seinem großen Schimmel auf dem Roten Platz und ritt die Reihen der Soldaten ab, die ihren Befehlshaber mit Hurrarufen empfingen. Wie Shukow später bekannte, war er in diesem Augenblick so bewegt, daß er glaubte, alle Gefallenen vor seinen Augen vorüberziehen zu sehen.

Am Vortag hatte eine minutiöse Generalprobe der Zeremonie stattgefunden. Ein Sonderbataillon von hochgewachsenen Soldaten übte sich darin, Stöcke vor dem Mausoleum niederzuwerfen. Einige Stunden vor Beginn der Feierlichkeiten rief man sie hinter die Basilius-Kathedrale und übergab jedem von ihnen eine deutsche Divisionsfahne. „Und für dich Hitlers Privatstandarte", sagte der General zu einem Soldaten, der sich durch seine beeindruckende Statur auszeichnete. Doch als dieser an der Lanzenspitze den Namen Adolf Hitler und das große Hakenkreuz mit Lorbeerkranz erblickte, wich er einen Schritt zurück. Er meinte, es könne nur Unglück bringen, wenn er dieses Ding anfasse. „Nimm schon", beharrte der General, „das ist die bedeutendste von allen." Schließlich gehorchte der Soldat.

Die Siegesparade am 24. Juni 1945.

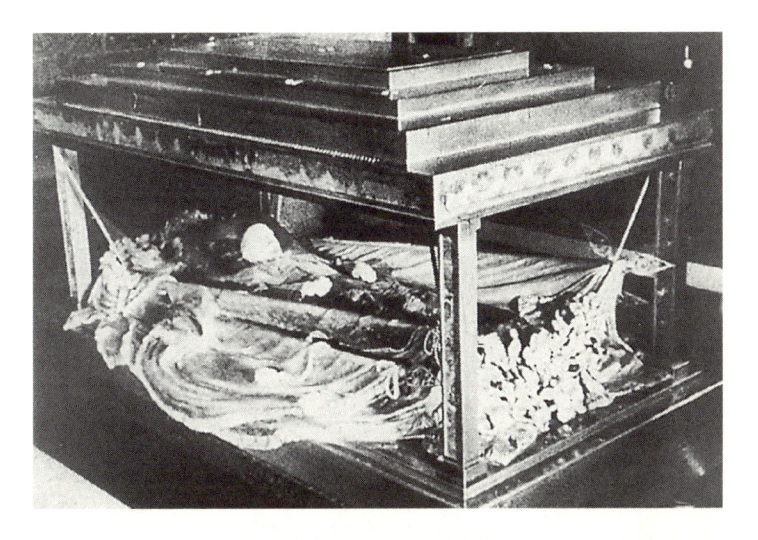

Der Sarkophag im Jahr 1945.

Nachdem Shukow den Platz abgeritten hatte, stieg er von seinem Pferd herab, kletterte die Treppen des Mausoleums zur Tribüne hinauf und postierte sich neben Stalin. Anschließend warfen die zweihundert Soldaten des Sonderbataillons unter Trommelwirbel die deutschen Divisionsfahnen zu Boden.

Das war der ergreifendste Augenblick. Allen Offizieren, Generälen und Admiralen standen die Tränen in den Augen. Nur Marschall Budjonnyi, ein Held des Bürgerkriegs, der als ein wenig einfältig galt, stand noch immer stramm. Es war ihm entgangen, daß man die Farben besiegter Armeen nicht grüßt. Vor dem Mausoleum war eine Kette großwüchsiger Wachen aufgestellt, um zu verhindern, daß einer der Soldaten seine Fahnenstange auf den Generalsekretär schleuderte. Die Parade dauerte fast zwei Stunden. Die Luftwaffe überflog den Roten Platz wegen schlechten Wetters diesmal nicht.

Im Innern des Mausoleums arbeitete man unterdessen

an einem neuen Sarkophag. Der Leichnam war im März 1944 mit demselben Sonderzug, der ihn nach Tjumen gebracht hatte, wieder nach Moskau überführt worden. Im Laufe der Reise waren keine besonderen Vorfälle zu vermelden. Da der Leichnam während seines Aufenthalts in Tjumen eine Verjüngungskur erfahren hatte, sollten wir für unsere Bemühungen belohnt werden. Das Mausoleumslaboratorium, dem mein Vater seit 1939 als Direktor vorstand, erhielt neue und größere Räumlichkeiten. Dasselbe Gebäude beherbergte fortan auch den Lehrstuhl für Analytische und Biologische Chemie des Ersten Moskauer Medizinischen Instituts sowie Einrichtungen, die ebenfalls mein Vater leitete.

Der konisch zulaufende Sarkophag wurde durch ein neues Modell ersetzt, dessen Glashaube im Querschnitt einem auf der Schmalseite stehenden Trapez gleicht. Die neue Form verhindert störende Lichtreflexe. Auch die Beleuchtung wurde erheblich verbessert. Mit Hilfe optischer Geräte, die im Oberteil des Katafalks angebracht wurden, ließ sich die Helligkeit nun kontinuierlich regeln.[1] Gesicht und Hände, die in den Jahren vor dem Krieg blaß erschienen, nahmen dadurch eine rosige Farbe an.

10. Die Diktatur der Partei in der Wissenschaft

"Ein Rasputin der Wissenschaften"

Mit den Apparaturen, die wir in Deutschland beschlagnahmt hatten, waren wir in der Lage, bedeutende wissenschaftliche Durchbrüche bei der Erforschung des Zellkerns zu erzielen. Unsere Forschungsergebnisse fanden in der wissenschaftlichen Gemeinschaft international großen Widerhall. Forscher aus aller Welt baten uns um Zusendung von Sonderdrucken unserer Arbeiten. Doch leider konnten wir diesen Bitten nicht mehr nachkommen. Der Eiserne Vorhang war bereits gefallen, und das Mißtrauen gegenüber dem Ausland näherte sich seinem Höhepunkt. In der Sowjetunion war nur noch vom „militärischen Genie" Stalins und der „Überlegenheit der russischen Nation und Kultur" die Rede.

Auch die Wissenschaften konnten sich diesem nationalistischen Wahn nicht entziehen. Schon das bloße Zitieren von Arbeiten ausländischer Wissenschaftler galt als verdächtig. Alle bedeutenden wissenschaftlichen Entdeckungen, auch wenn sie in die vorrevolutionäre Zeit fielen, wurden ausnahmslos russischen Gelehrten zugeschrieben. In der Provinz wurden in manchen Universitäten und Instituten sogar die Bilder von weltberühmten Wissenschaftler wie Pasteur, Newton und Helmholtz entfernt. Wir waren vom Rest der Welt wieder einmal völlig abgeschnitten.

Ein herausragender japanischer Wissenschaftler, der sich für unsere Arbeiten näher interessierte, äußerte wiederholt den Wunsch, Einblick in unsere Forschungsberichte zu nehmen. Um ihm ein Exemplar zuzuschicken, benötigten wir zunächst die Erlaubnis des Gesundheitsministeriums. Mein neuer Mitarbeiter Debow wollte sich darum

Professor Ilja Borisowitsch Zbarski (1947).

kümmern. Er ging ins Ministerium, aber niemand schenkte ihm Gehör. Am folgenden Tag unternahm er einen neuen Versuch. Der Chef der Auslandsabteilung erklärte sich schließlich bereit, ihn zu empfangen.

Der Beamte wollte zunächst einmal wissen, ob Debow

die politische Einstellung des Japaners kenne. „Ist er konservativ, liberal oder sozialistisch eingestellt?", erkundigte er sich mit der Miene eines Inquisitors. „Das weiß ich nicht. Ich weiß nur, daß er ein großer Wissenschaftler ist", antwortete Debow. „Nun, wenn Sie ihm den Sonderdruck partout zuschicken wollen, dann verfassen Sie einen detaillierten Bericht über sein Leben, seine wissenschaftliche Karriere und seine Haltung gegenüber der UdSSR." Debow hütete sich selbstverständlich, die Sache weiter zu verfolgen. Das Risiko war viel zu groß.

Am Krebsforschungsinstitut, an dem ich nach dem Krieg arbeitete, gab es eine geheime Dienstanweisung, die elf Paragraphen umfaßte. „Es ist untersagt", hieß es dort, „mit Ausländern zu sprechen." Im Krankheitsfall oder bei kleineren Unfällen dürfe man einem Ausländer nur nach vorheriger Genehmigung des Gesundheitsministeriums medizinische Hilfe gewähren. Nur bei schweren Unfällen, präzisierte der letzte Abschnitt des Rundschreibens, sei es gestattet, ihm ohne vorherige behördliche Erlaubnis zu helfen.

Dabei hatte der allgemeine Jubel nach dem Sieg über Deutschland in mir die Hoffnung geweckt, die Schreckensherrschaft würde ein wenig nachlassen. Die Straßen von Moskau boten damals das ungewöhnliche Schauspiel von Frauen, Kindern und Soldaten, die im Freudentaumel einander umarmten, tanzten oder weinten. Auf den mit Menschen überfüllten Moskwa-Brücken wurden herrliche Feuerwerke gezündet. Ich sehe noch vor mir, wie der amerikanische Botschafter die ausgelassene Menge von seinem Balkon herab grüßte. Die Erleichterung über das Ende des Blutvergießens erklärte sich aus dem hohen Tribut an Menschenleben, den der Krieg unser Land gekostet hat: zwanzig Millionen Tote! Mehr als in allen anderen Völkern Europas zusammengenommen.

Schon während des Krieges hatten wir einigen Grund, an eine gewisse Liberalisierung des Regimes zu glauben. Unerschrockene Bürger hielten mit ihrer Meinung nicht mehr hinter dem Berg. Ich erinnere mich, daß ich auf einer Zugreise einen Oberst kennenlernte, der sich darüber beklagte, daß Generäle und höhere Offiziere ihre Unteroffiziere körperlich züchtigen dürfen, ein Sachverhalt, wie er sogleich hinzusetzte, der in der zaristischen Armee unbekannt war.

Während der Kriegsjahre erfuhr auch die russisch-orthodoxe Religion eine gewisse Rehabilitierung. Vor 1941 galt es als gefährlich, die Kirche zu besuchen oder sich auch nur zu bekreuzigen. Zwischen den frühen zwanziger Jahren und Kriegsbeginn wurden Hunderttausende von Popen hingerichtet oder verschwanden in Zwangsarbeitslagern. Achtzig Prozent aller Kirchen, darunter auch herrliche Kathedralen, wurden zerstört oder in Garagen oder Lagerräume für landwirtschaftliches Gerät verwandelt.

Zu Beginn der Feindseligkeiten mit Deutschland begriff Stalin allerdings, ehemals Schüler eines Priesterseminars in Tiflis, wie nützlich ihm die Rehabilitierung der Religion sein konnte, um das Land gegen den Eindringling zusammenzuschweißen. Die repressiven Maßnahmen gegen die Popen hörten auf, und zahlreiche Kirchen wurden der Öffentlichkeit wieder zugänglich gemacht.

Als dann Stalin und die Westalliierten in Potsdam im Sommer 1945 über die Zukunft des europäischen Kontinents verhandelten, glaubte ich in meiner Naivität, ein Abkommen mit den Westmächten würde unweigerlich eine Demokratisierung unseres politischen Regimes nach sich ziehen. Churchills Fulton-Rede im Juni 1947 bereitete meinen Illusionen ein Ende.

Der Nationalismus war nicht der einzige dominante Zug der Stalinschen Nachkriegspolitik. Die Zeit zeichnete sich durch eine extreme Ideologisierung sämtlicher Lebensbereiche, auch der Wissenschaften, aus. Nach dem Abwurf der beiden amerikanischen Atombomben über Hiroshima und Nagasaki wurde sich Stalin schlagartig des wissenschaftlichen Rückstands unseres Landes bewußt. Er vergaß dabei, daß er selbst es war, der kurz vor dem Krieg die Akademie der Wissenschaften angewiesen hatte, die Erforschung des Atomkerns einzustellen, weil sie, wie es hieß, „von keinerlei praktischem Nutzen für die sozialistische Wirtschaft" sei. Nun bestellte Stalin den Präsidenten der Akademie Sergej Wawilow zu sich und fragte ihn, was zu tun sei, um den wissenschaftlichen Rückstand gegenüber den Vereinigten Staaten aufzuholen. Wawilow hielt vor allem eine Maßnahme für vordringlich: das Gehalt der Wissenschaftler zu erhöhen. Stalin befolgte den Rat und erhöhte die Bezahlung seiner promovierten Naturwissenschaftler auf das Vierfache.

Unserer Familie kam diese plötzliche Aufwertung der Wissenschaft sehr zugute. Mein Vater, der damals den Lehrstuhl für Biochemie am Ersten Moskauer Medizinischen Institut innehatte und darüber hinaus das biochemische Labor am Krebsforschungszentrum sowie das Mausoleumslaboratorium leitete, verdiente nun 1800 Rubel im Monat, mehr als ein Mitglied des Zentralkomitees der Partei. Indes änderte sich sein Lebensstil durch diese drastische Gehaltserhöhung in keiner Weise. Er genoß weiterhin dieselben Privilegien, die er schon vor dem Krieg besaß: Er hatte Zugang zu den Läden, die der Nomenklatura vorbehalten waren, und besaß eine Fünfzimmerwohnung gegenüber dem Kreml, ein Auto und eine Datscha.

Ich selbst erhielt monatlich 600 Rubel, genug, um meine kleine Familie zu ernähren und einzukleiden. Denn ich hatte inzwischen geheiratet und war seit 1947 Vater eines kleinen Jungen namens Alexej. Mein zweiter Sohn, Dimitri, wurde 1952 geboren. Wir lebten in einer Dreizimmerwohnung am Tzwetnoj Boulevard im Zentrum von Moskau. Das Appartement war mit einigen Stühlen, Tischen und Betten aus Sperrholz bescheiden möbliert und

Von links nach rechts: Meine Frau Irina, ich, mein Vater, Viktor und Felix (Söhne meiner Stiefmutter und zweiten Frau meines Vaters) und meine Stiefmutter Eugenie (1947).

entsprach damit dem damaligen sowjetischen Geschmack. Die Jahre der Not schienen endgültig der Vergangenheit anzugehören.

Meine Frau Irina hatte ich 1934 an der Moskauer Universität kennengelernt. Sie war zwei Jahre jünger als ich und studierte Genetik. Sie war blond und hatte blaue Augen, doch vor allem gefiel mir ihre geistige Lebendigkeit. Sie war eine der vier Töchter des berühmten Anatomie-Professors Pjotr Karusin. Es war nicht leicht, sie zu erobern.

Eines Tages im Jahre 1935, kurz nach der Geschichte mit dem „Zbarski-Bakterizid", erzählte ich ihr, wie begeistert ich von Professor Worobjow sei und wie sehr ich an ihm hinge. Sie verzog das Gesicht, als wüßte sie nicht, von wem ich sprach. Das erstaunte mich. Worobjow war im Kreis der Anatomen eine wohlbekannte Persönlichkeit. Auch dürfte Irina nicht entgangen sein, daß ihr Vater neben Worobjow an der Einbalsamierung von Lenins Leichnam im Jahre 1924 beteiligt war.

    Noch Jahre nach diesem Gespräch verhielt sich Irina mir gegenüber ausgesprochen zurückhaltend. Ich wagte nicht, sie nach dem Grund ihrer plötzlichen Frostigkeit zu fragen. Die Zeit war der Mitteilung persönlicher Gefühle nicht gerade förderlich. Erst nach unserer Heirat im Jahre 1939 hatte sie genügend Vertrauen zu mir gefaßt, um mir die Beweggründe ihres merkwürdigen Verhaltens darzulegen. Der Vorfall ereignete sich in den zwanziger Jahren, als die Einbalsamierungsarbeiten an Lenins Leichnam rasch vorankamen. Eines Tages lud ihr Vater Professor Worobjow zum Abendessen ein. Die beiden Gelehrten tranken an jenem Abend mit Wasser verdünnten 96prozentigen Alkohol, der aus dem Mausoleum stammte und eigentlich für die Konservierung des Leichnams vorgesehen war. Ziemlich angeheitert, verließ Worobjow unter dem Vorwand einer leichten Übelkeit den Tisch. Nach einiger Zeit bemerkte Karusin, daß sein Gast unverhältnismäßig lange ausblieb, und begann ihn im ganzen Haus zu suchen. Als er eine der Türen im zweiten Stock einen Spalt breit öffnete, überraschte er Professor Worobjow, wie er seine Tochter Lela umarmte, eine Hand auf ihrem Busen. Empört über dieses unwürdige Verhalten, jagte er Worobjow aus dem Haus. Dessen Rache ließ nicht lang auf sich warten. Unter dem Vorwand, Karusin habe für seinen persönlichen Gebrauch Alkohol aus dem Mausoleum entwendet, schloß Worobjow seinen Kollegen tags darauf aus dem Einbalsamierungsteam aus. Seine Wut auf Karusin ließ auch in den folgenden Jahren nicht nach. Im Jahre 1930 widersetzte er sich sogar der Wiederwahl des Professors auf den Lehrstuhl für Anatomie am Ersten Moskauer Medizinischen Institut – und hatte damit Erfolg. Karusins Universitätskarriere fand ein jähes Ende.

    Was mir meine Frau da erzählte, bereitete mir großen Kummer. An meinen Gefühlen für Worobjow änderte sich dadurch zwar nichts, doch rückte dieser Vorfall seine Persönlichkeit in ein neues, unerwartetes Licht. Wie war es zu erklären, daß er mit solcher Hartnäckigkeit den Untergang eines alten Kollegen betrieb, der in seinem eigenen Haus lediglich die Tugend seiner Tochter verteidigt hatte?

Als ich einmal mit Professor Worobjow allein war, fragte ich ihn, warum er Karusin aus dem Einbalsamierungsteam ausgeschlossen habe. Seine Antwort lautete, Karusin habe Alkohol aus dem Mausoleum gestohlen. „Aber Sie haben das damals doch alle gemacht", wandte ich ein. „Das tut nichts zur Sache. Er hat mich nicht um Erlaubnis gefragt", beendete Worobjow das Gespräch.

Als ich ihm anvertraute, daß ich Irina Karuzina heiraten wollte, runzelte er die Stirn. „Sei auf der Hut", sagte er, „das sind Antisemiten." Diese Warnung machte mich sprachlos. Nie hatte sich diese Familie auch nur die geringste taktlose Bemerkung erlaubt. Irinas Vater achtete sogar darauf, daß solche Gefühle erst gar nicht in seinen Kindern aufkamen. Irina erinnerte sich an eine Szene aus ihrer Kindheit Anfang der zwanziger Jahre. Eines Tages, als große Hungersnot herrschte, kamen Juden an ihre Haustür und verschenkten Eier und Gemüse. Das Hausmädchen kommentierte den Vorfall mit den Worten: „Die Itzige haben Eßwaren gebracht." Als Irina ihrem Vater diese Worte zutrug, lief er vor Ärger rot an. „Sag' so etwas nie wieder, hörst du!", schrie er empört. Wenn es eine Familie gab, die nicht antisemitisch war, dann die Karusins. Worobjow war völlig im Irrtum.

Im Jahre 1945 trat mein Vater sein neues Amt als Leiter des biochemischen Labors am Krebsforschungszentrum an. Da ihn seine anderen Aktivitäten jedoch zu sehr in Anspruch nahmen, war er praktisch nie anwesend. In Wirklichkeit erledigte ich seine Aufgaben, was ihn nicht daran hinderte, das entsprechende Gehalt einzustreichen. Ich war in gewisser Weise sein Sklave geworden. Erst ein Jahr später ernannte man mich auch offiziell zum Direktor des biochemischen Labors. Ich freute mich natürlich sehr über diese Beförderung nicht so sehr deshalb, weil mein Einkommen dadurch stieg, sondern weil ich mich dadurch endlich aus der väterlichen Bevormundung befreien konnte. Unsere Auffassungen von Biochemie klafften zu weit auseinander. Die Forschungen, die ich auf Geheiß meines Vaters über den Aminosäurentransport der Erythrozyten und die Wirkung von Aminosäuren auf das Wachstum von Tumoren anstellen mußte, zeigten kaum erkennbare Resultate. „Du hältst von mir als Wissenschaftler wohl nicht sonderlich viel", meinte er eines Tages zu mir. Ich konnte das Gegenteil noch so sehr beteuern, er schenkte mir keinen Glauben. Ich war allerdings der Ansicht, daß er zuviel Zeit damit verbrachte, gute Beziehungen zu den Ministerialbürokraten zu pflegen, worunter seine wissenschaftliche Arbeit sehr zu leiden hatte. So erfüllten ihn die bedeutenden Entdeckungen, die mir in Zusammenarbeit mit Sergej Debow gelangen, nicht nur mit Stolz, sondern auch mit einem gewissen Neid.

Mit Hilfe der in Berlin beschlagnahmten Apparaturen war es uns gelungen, Zellkerne verschiedener Gewebearten und Tumore zu zerlegen. Die Bestandteile, die wir im Laufe unserer Forschungen isolierten, waren bisher noch nie beobachtet worden. Wir konnten zeigen, daß die Grundsubstanz des Zellkerns entscheidend am Gesamtstoffwechsel der Zelle beteiligt ist. Noch heute finden diese wegweisenden Arbeiten auch bei ausländischen Biochemikern Erwähnung, die sich mit dem Zellkern beschäftigen.

Ich hatte Sergej Debow kurz nach Kriegsende kennengelernt. Als er sich in meinem Büro vorstellte, trug er noch eine Offiziersuniform des Heeres. Von Beruf Arzt, interessierte er sich für die biochemischen Vorgänge der Krebsentstehung. Er wirkte intelligent und diszipliniert und machte einen günstigen Eindruck auf mich. Ich bot ihm eine Stelle als Mitarbeiter am biochemischen Labor des Krebsforschungszentrums an. Er sagte auf der Stelle zu. Debow, damals sechsundzwanzig Jahre alt, sieben Jahre jünger als ich, war ein junger vielversprechender Wissenschaftler.

Indes wurden unsere Forschungen durch den wachsenden Einfluß des Lyssenkismus auf die Wissenschaften unterbrochen. Trofim Lyssenko war Pflanzenzüchter und stammte aus der südukrainischen Stadt Odessa. Sein intellektuelles Gepäck beschränkte sich auf einen Sekundarschulabschluß an einer Landwirtschaftsschule, was ihn aber nicht darin hinderte, sich für einen großen Wissenschaftler zu halten. Der hervorragende Biologe Nikolaj Wawilow, der Bruder des späteren Präsidenten der Akademie der Wissenschaften Sergej Wawilow, vermittelte Lyssenko 1938 die Teilnahme an einem wissenschaftlichen Kongreß. Damit begann Lyssenkos unaufhaltsamer Aufstieg an die Spitze der Macht. Seine Behauptung, es gebe keine genetischen Vererbungsgesetze, die Evolution aller Lebewesen und aller Pflanzen hänge allein von Umweltfaktoren ab, war die Sensation des Kongresses.

Lyssenkos These stand im Widerspruch zu den Erkenntnissen der modernen Biologie. Sein Vortrag löste in der Akademie der Agrarwissenschaften heftige Diskussionen aus. Lyssenko erklärte, seine Theorie stimme mit der „Biologie von Mitschurin" überein, wonach die Naturkräfte, vermittelt über die Umwelt, das Verhalten der Pflanzen bestimmen. Als russischer Pflanzenzüchter hielt Lyssenko wenig von der allgemein anerkannten Biologie, von der er wahrscheinlich keine Ahnung hatte. Das Zentralkomitee der Partei entschied zugunsten Lyssenkos, der daraufhin in die Akademie der Agrarwissenschaften gewählt wurde. Sein Hauptgegner, der Präsident der Akademie Nikolaj Wawilow wurde verhaftet. Er starb 1942 im Gefängnis. Lyssenkos wachsender Einfluß auf die Welt der Wissenschaft erklärte sich zum Teil daraus, daß von seiner Person ein mysteriöses Fluidum ausging, dem sich seine Mitmenschen nur schwer entziehen konnten. Er war eine Art Rasputin der Wissenschaften. Während der Kriegsjahre war von ihm kaum etwas zu hören, doch 1948 trat der Pflanzenzüchter aus Odessa erneut an die Öffentlichkeit. In einem in der *Literaturnaja Gazeta* veröffentlichten Artikel schrieb er im Brustton der Überzeugung, es gebe zwischen Lebewesen derselben Art keinen Kampf ums Überleben. Zahlreiche herausragende Biologen quittierten den Artikel mit bissigen Bemerkungen. Die Zeitschrift öffnete ihre Kolumnen mehreren namhaften Wissenschaftlern, für es die keinen Zweifel gab, daß Lyssenkos Behauptungen jeder wissenschaftlichen Grundlage entbehren – was die Zeitschrift allerdings nicht hinderte, im Schlußkommentar zu schreiben, Lyssenkos Standpunkt habe sich mehrheitlich durchgesetzt.

Der Dekan der biologischen Fakultät der Universität Moskau war da anderer Ansicht. Er veranstaltete eine Diskussion, um zu beweisen, wie absurd Lyssenkos Thesen waren. Lyssenko verweigerte seine Teilnahme, doch eine einstimmig angenommene Resolution verurteilte seine Thesen mit aller Deutlichkeit. Indes war sich der Universitätsdekan durchaus im klaren, daß er, um den Streitfall endgültig für sich zu entscheiden, die Unterstützung von Juri Shdanow, Chef der Wissenschaftsabteilung des Zentralkomitees, brauchte. Letzterer schloß sich – nach Rücksprache mit seinem Vater Andrej Shdanow, im Politbüro für Fragen der Ideologie zuständig – der Meinung des Dekans an.

Im August 1948 befaßte sich eine Vollversammlung der Akademie der Agrarwissenschaften mit Lyssenkos Thesen, und abermals zog sich der Pflanzenzüchter den Zorn seiner Kollegen zu. Lyssenko beendete die Auseinandersetzung mit dem Hinweis, Stalin habe sich seinem Standpunkt angeschlossen. Und Lyssenko hatte nicht gelogen; denn kurz zuvor war er vom Kreml zum Präsidenten der Akademie der Agrarwissenschaften und zum aktiven Mitglied der Akademie der Wissenschaften der UdSSR ernannt worden. Shdanow junior mußte in der *Prawda* öffentlich Abbitte leisten, während sein Vater zur gleichen Zeit merkwürdigerweise einem Herzinfarkt erlag. Namhafte Biologen und Mitglieder der Akademie der Agrarwissenschaften wurden inhaftiert, angesehene Forschungslaboratorien geschlossen, und herausragende Biologen begingen lieber Selbstmord, als sich Lyssenkos Ansichten zu eigen zu machen.

Der Leiter des Krebsforschungszentrums rief mich in sein Büro und befahl mir, meine Forschungen zum Zellkern umgehend einzustellen. Denn wer sich mit diesem Problemfeld befasse, erkenne implizit die höchst bürgerlichen Vorstellungen der Vererbungslehre an und mache sich damit des verachtenswerten „Mendelismus-Weismannismus-Morganismus" schuldig. Der Tschoche Gregor Mendel (1822–1884), der Deutsche August Weismann (1834–1914) und der Amerikaner Thomas Morgan (1866–1945) galten allgemein als die Begründer der modernen Genetik. Doch seit man die „Mitschurin-Thesen" zur offiziellen Lehrmeinung erhoben hatte, mußte, wer auch nur ihre Namen erwähnte, mit ernsthaften Konsequenzen rechnen.

Lyssenkos Wahnideen wurden in die offizielle Lehre der KPdSU aufgenommen. Doch nicht nur bei uns erhielten sie den Rang von Gesetzestafeln, sondern in sämtlichen Kommunistischen Parteien der Welt. Im Jahr 1949 begegnete ich auf einer Dienstreise nach Bulgarien zufällig dem Generalsekretär der Belgischen Kommunistischen Partei. Ich erkundigte mich nach Jean Brachet, einem berühmten belgischen Biologen, den ich vor anderthalb Jahren in Moskau kennengelernt hatte. „Professor Brachet ist zwar Parteimitglied", meinte der Generalsekretär, „aber kein wahrer Marxist." Ich fragte ihn, welche Gründe ihn zu diesem Urteil veranlaßten. „Als ich Professor Brachet fragte, ob er die Politik der Partei in Fragen der Biologie gutheiße", erklärte der belgische KP-Chef ein wenig gereizt, „antwortete er: ‚Ich weiß nicht, ich muß darüber erst nachdenken.'". Solches Zögern war unverzeihlich. Genosse Brachet hatte sich in seiner eigenen Partei verdächtig gemacht.

Auch nach Stalins Tod konnte Lyssenko seinen verderblichen Einfluß auf die sowjetische Wissenschaft aufrechterhalten. Chruschtschow lud ihn weiterhin zu den Vollversammlungen des Zentralkomitees ein. Entsetzt über die schreiende Unwissenheit Lyssenkos, erklärte der neue Generalsekretär der Partei bei einer dieser Sitzungen: „Ich sehe ein, daß ein Bauer unter Umständen wie ein Wissenschaftler sprechen kann; doch daß sich ein Akademiemitglied wie ein Bauer ausdrückt, verstehe ich nicht!"

Nach 1957 standen Lyssenko und seine Gefolgsleute im anhaltenden Kreuzfeuer der Kritik. Die *Prawda* zerriß einen in der Zeitschrift *Agrobiologie* erschienenen Artikel eines Mitarbeiters von Lyssenko, der sich darüber verbreitete, es sei in mehreren Experimenten gelungen, eine Kiefer in eine Tanne umzuwandeln. Wie die *Prawda* schrieb, habe die Umwandlung in Wirklichkeit nie stattgefunden. Man hatte schlicht und einfach Tannenzweige auf eine Kiefer aufgesetzt. Doch Lyssenko konnte sich abermals aus der Affäre ziehen. Doch als eine Gruppe amerikanischer Wissenschaftler den genetischen Code entdeckte, wurde sich Chruschtschow des erheblichen Rückstands der biologischen Forschung in der Sowjetunion bewußt, zumal John F. Kennedy erklärt hatte, in der Physik hätten die Sowjets mit den Amerikanern praktisch gleichgezogen, doch in der Biologie hinkten sie hinterher. Als Reaktion auf diese Äußerung befahl Chruschtschow, umgehend einen Rat für Molekularbiologie ins Leben zu rufen. Ich wurde zum aktiven Mitglied ernannt. Die meisten meiner dortigen Kollegen erkannten die Errungenschaften der modernen Biologie an.

Der Präsident dieses Rats, Wladimir Engelhardt, hielt vor dem Präsidium der Akademie der Wissenschaften einen

Vortrag über den Stand der molekularbiologischen Forschung. Im Verlauf dieser Versammlung ergriff der aus Armenien stammende Chemiker Iwan Knuniants das Wort und meinte mit einem ironischen Unterton in der Stimme: „Ich nehme die große sowjetische Enzyklopädie zur Hand und schlage unter dem Stichwort ‚Gen' nach, dem Träger des Erbmaterials. Und was lese ich dort? Daß dieser Begriff ein Mythos ist. Hören Sie, ein Mythos! Man bringt den Schülern an unseren Schulen bei, daß die sogenannte moderne Biologie nur Darwinismus und dummes Zeug ist."

Lyssenko ließ Knuniants keine Zeit, seinen Satz zu beenden. Er verlangte mit rauher Stimme, die stenographierte Fassung der letzten Sitzung müsse unbedingt in allen Zeitungen veröffentlicht werden. Der Sinn dieser Bemerkung entging mir zunächst. „Sie müssen wissen", flüsterte mir eine neben mir sitzende Journalistin ins Ohr, „wenn die Zeitungen den Satz drucken ‚Darwinismus ist dummes Zeug', wird Lyssenko der Akademie der Wissenschaften an den Kragen gehen."

Wie listig Lyssenko auch sein mochte, nicht immer war er imstande, seine ungeheure Unwissenheit zu kaschieren. Der Biochemiker Andrej Bjelozerski, der für seine Arbeiten über die Nukleinsäuren in die Akademie der Wissenschaften gewählt wurde, erzählte mir von folgender Unterredung mit Lyssenko. Dieser bestellte ihn eines Tages in sein Institut für Genetik, weil er und seine Mitarbeiter etwas über die Nukleinsäuren, die materiellen Träger der Gene und also der Vererbung, erfahren wollten. Nachdem Bjelozerski seinen Vortrag beendet hatte, schwiegen Lyssenkos Mitarbeiter und warteten die Reaktion ihres Chefs ab. „Da die Chemiker die Nukleinsäuren entdeckt haben", erklärte dieser in feierlichem Ton, „bedeutet das, daß sie existieren und daß die Chemiker sie erforschen müssen. Ich wünsche in diesem Zusammenhang, mein lieber Professor, daß Sie mir diese Desoxyribonukleinsäure zeigen." Er sprach dieses den Biologen wohlvertraute Wort nur mit Mühe aus.

Bjelozerski lud ihn in sein Labor ein, wo er die Säure in aller Ruhe untersuchen könne. Lyssenko lehnte die Einladung höflich ab und meinte: „Schicken Sie mir die Desoxyribonukleinsäure doch in einem Glas." Einige Tage später ließ Bjelozerski Lyssenko ein Reagenzglas mit der Substanz zukommen. Lyssenko warf einen mißtrauischen Blick darauf. „Ist das da wirklich Desoxyribonukleinsäure?" Man bejahte. „Aber warum ist sie dann nicht flüssig?" Offenkundig wußte er nicht, daß Säuren auch den festen Aggregatzustand annehmen können. Daß jemand auf dieser Ebene der Wissenschaftshierarchie so geringe Kenntnisse von der Sache besitzt, dürfte eigentlich nicht sein. Doch Lyssenko wurde nie zur Rechenschaft gezogen.

Die „Biologie von Mitschurin", die von Lyssenko zur offiziellen Parteidoktrin erklärt wurde, strahlte auch auf andere Wissenschaftsgebiete aus. Dies galt auch für die Forschungen des Physiologen Iwan Pawlow und seine Entdeckung des bedingten Reflexes. Seine materialistische Konzeption der Funktionsweise des Gehirns entsprach vollkommen den Ansichten der Partei. Sie wurde zum veritablen Dogma erhoben und verhinderte alle anderen Forschungsansätze auf dem Gebiet der Physiologie. Ungeachtet dieser Verirrung waren Pawlows Arbeiten von unbestreitbarem wissenschaftlichem Wert und Pawlow selbst ein hervorragender Wissenschaftler.

Von den anderen „Neuerern", die, durch Lyssenkos Beispiel beflügelt, die sonderbarsten Entdeckungen lancierten, läßt sich das nicht behaupten. Kurz vor Beginn des Kalten Kriegs, als die Westalliierten und die UdSSR noch freundschaftliche Beziehungen unterhielten, gaben die Mikrobiologin Nina Kljujewa und der Histologe Grigori Roskin die Entdeckung einer neuen Behandlungsmethode gegen Krebs bekannt, die auf einem „Lysat" der in Südamerika beheimateten Protozoenart *Trypanosoma cruzi* beruhte. Die Neuigkeit erregte Aufsehen. Die Amerikaner reagierten als erste. Der amerikanische Botschafter in der UdSSR, Beddel Smith, setzte sich mit den beiden Wissenschaftlern in Verbindung. „Die Entdeckung", erklärte er, „ist für die ganze Menschheit von Bedeutung. Es ist mein Wunsch, daß unsere beiden Länder eine Forschungskonvention unterzeichnen." Als der sowjetische Verantwortliche für Krebsbekämpfung von dieser Erklärung erfuhr, setzte er umgehend das Gesundheitsministerium in Kenntnis. Mit mündlicher Genehmigung des Zentralkomitees wies der Gesundheitsminister, M. A. Miterew, seine Beamten an, einen Konventionsvorschlag zu erarbeiten. Als Stalin bald darauf erfuhr, daß das Gesundheitsministerium die Absicht hegte, den Amerikanern eine „Entdeckung" der sowjetischen Wissenschaft mitzuteilen, war er außer sich vor Wut. Er ließ den Leiter der Abteilung für Krebsbekämpfung und sämtliche Funktionäre, die an der Vorbereitung des Konventionsprojekts beteiligt waren, verhaften. Der wissenschaftliche Sekretär des Präsidiums der Akademie der Medizinwissenschaften wurde ebenfalls verhaftet und zu fünfzehn Jahren Gefängnis verurteilt, weil er die Abhandlung von Roskin und Kljujewa *Die Biotherapie maligner Tumore*[1] in die Vereinigten Staaten mitgenommen hatte. Der Gesundheitsminister M. A. Miterew wurde versetzt und mit den beiden Entdeckern vor ein „Ehrengericht" zitiert.

Ich war bei diesem Ehrengerichtsverfahren zugegen. Miterew, Roskin und Kljujewa wurden wegen Hochverrat, mangelndem Patriotismus und „Kosmopolitismus" angeklagt. Ich erinnere mich, daß sich einer der Anklagepunkte darauf bezog, daß Roskin von einem Ausländer einen Kugelschreiber als Geschenk angenommen hatte.

Die Krebsforschung wurde seitdem streng überwacht. Jede Veröffentlichung oder Mitteilung von „Arbeiten, die noch nicht völlig abgeschlossen sind", war untersagt. Man kann sich vorstellen, welche Panik dieser Erlaß in der wissenschaftlichen Gemeinschaft auslöste. Denn im allgemeinen sind „völlig abgeschlossene" wissenschaftliche Forschungen recht selten.

Angeregt durch die „Entdeckungen" von Roskin und Kljujewa, ließen andere Neuerer ihrer Phantasie freien Lauf und schlugen die absonderlichsten Behandlungsmethoden gegen Krebs vor. Manche gingen so weit, den Verzehr von Birkenpilzen zu empfehlen, andere empfahlen die Knospen irgendwelcher tropischer Sträucher.

Einer dieser Neuerer stattete dem Direktor des Krebsforschungszentrums, dem Chirurgen A. I. Sawitski, eines Tages einen Besuch ab und unterbreitete ihm allen Ernstes den Vorschlag, die Patienten seines Instituts durch Anlegen radioaktiver Wäsche zu behandeln. Sawitski war zwar kein bedeutender Theoretiker, aber er roch den Braten sofort und wies seine Pfleger an, den Scharlatan vor die Tür zu setzen. Tags darauf rief man Sawitski zum Gesundheitsminister. Dieser warf ihm sein „wenig konstruktives" Verhalten vor und wies ihn an, die radioaktive Kleidung in seinem Institut zu testen. Die Tests fielen natürlich negativ aus.

Die meisten „Neuerer" genossen die Protektion Lyssenkos und leitender Parteiinstanzen. Dies war auch bei der alten Bolschewikin Olga Lepeschinskaja der Fall. Sie untersuchte Eigelb unter dem Mikroskop und gelangte zu dem Schluß, daß aus „dieser lebenden Materie" Zellen entstünden, was den Beobachtungen von Pasteur direkt zuwiderlief. Ihre „wissenschaftliche Revolution" zog sich die fast einhellige Kritik renommierter sowjetischer und ausländischer Wissenschaftler zu, was jedoch nicht verhindern konnte, daß Olga Lepeschinskaja mit Lyssenkos Unterstützung in die Medizinische Akademie gewählt wurde. Die Ergebnisse ihrer Eigelb-Forschung wurden wie die Biologie von Mitschurin an allen biologischen Fakultäten der UdSSR gelehrt.

Unter Lyssenkos Nacheiferern befanden sich auch Verrückte mit gefährlichen Wahnideen. Ich hatte Gelegenheit, einige dieser Neuerer kennenzulernen. Einer von ihnen, ein Offizier des Heeres, war mir von einem Freund wärmstens empfohlen worden. Auch er hatte angeblich ein Allheilmittel gegen Krebs gefunden, und zwar Uransalze. Er legte mir ein Bündel Briefe von einigen seiner Patienten vor, die sich begeistert über die Wirkung dieser Salze äußerten. Der Offizier verband mit seinem Besuch die Hoffnung, ich würde mich für seine Methode wissenschaftlich verbürgen. Ich lehnte ab und wies ihn darauf hin, daß Uran nicht nur radioaktiv sei, sondern als Schwermetall auch äußerst gesundheitsschädlich. Mißmutig verließ der Offizier mein Zimmer. Einige Minuten später platzte besagter Freund in mein Büro. „Ilja, was hast du da gemacht?", fragte er mich konsterniert. Ich konnte ihm noch so ausführlich erklären, daß das fragliche „Heilmittel" schädlich sei, er wollte nichts davon hören. „Du hast dir gerade einen Haufen Geld entgehen lassen", meinte er schließlich. Dazu muß man wissen, daß die „Entdecker" ebenso wie die Wissenschaftler, die sich für sie verbürgten, mit großzügigen Belohnungen seitens des Staates rechnen konnten. Daher das Treibhausklima, in dem „Forscher" aller Art wie Pilze aus dem Boden schossen. Unter ihnen fanden sich gewiß viele Betrüger, die den „neuen Schwung", den Stalin nach Kriegsende in die Wissenschaft gebracht hatte, zu ihrem materiellen Vorteil zu nutzen suchten. Doch gab es darunter auch zahlreiche Unwissende, die ernsthaft an ihre Ideen glaubten. Der Schaden, den sie der sowjetischen Wissenschaft zufügten, war nicht wieder gutzumachen. Herausragende Wissenschaftler mußten erhebliche Energie und Zeit darauf verwenden, die Absurdität dieser neuen Theorien nachzuweisen. Diese Episode war symptomatisch für die zunehmende Einmischung der Staatsgewalt in wissenschaftliche Fragen.

11. Die Verhaftung meines Vaters

Jagd auf die „Kosmopoliten"!

März 1952, im Schlafwagen des Nachtzugs Moskau-Leningrad. Durch den Morgennebel tauchen lange Hügelketten, enge Täler, mit Birken bestanden, und kleine graue Dörfer auf, wie sie für unsere nördlichen Landschaften so charakteristisch sind. Der Frühling hat begonnen. Die Tage werden länger. Nur die Luft ist so schneidend wie im Winter, und die Felder liegen noch unter Schnee. In Leningrad angekommen, fahre ich zur Fabrik „Rotes Dreieck". Hier bestelle ich jedes Jahr die Gummibinden, die ein Austreten des „Balsams" – die Lösung, mit der Lenins Leichnam konserviert wird – verhindern.

Ich weiß nicht warum, aber meine Reisen nach Leningrad waren fast immer von unangenehmen Ereignissen begleitet. Entweder hatte sich einer meiner Söhne einen Arm gebrochen, oder der andere war krank geworden, oder ein Freund war gestorben. Auch diese Reise bildete keine Ausnahme von der Regel. Bei meiner Rückkehr aus Leningrad kam mir meine Frau mit sorgenvollen Blicken entgegen: „Dein Vater ist am 27. März in seiner Wohnung verhaftet worden."

Der Terror, der seit Anfang der dreißiger Jahre nicht abriß, hatte sich seit einigen Monaten weiter verstärkt. Neuerdings nahm sich das Regime die „Kosmopoliten" vor. Darunter verstand Stalin vor allem Menschen jüdischer Herkunft. Man beschuldigte die des „jüdischen Nationalismus" und des „internationalen Zionismus".

Der Tod des Direktors des Jüdischen Theaters, Salomon Michoels, gab 1948 den Startschuß zu dieser großangelegten antisemitischen Kampagne. Der berühmte Regisseur war in Minsk von einem Lastwagen überfahren wor-

Mein Vater im Jahr 1947

den. So lautete zumindest die offizielle Version, wie sie in den Zeitungen stand. Der Leichnam, der an Kopf und Beinen schwere Verletzungen aufwies, wurde dem Laboratorium des Mausoleums übergeben. Mein Vater und Mardaschew übernahmen die Aufgabe, die sterblichen Überreste für die Begräbnisfeierlichkeiten herzurichten. Bei näherer Untersuchung entdeckten sie ein Einschußloch und gewannen den Eindruck, daß Michoels nicht, wie man es uns glauben machen wollte, bei einem Unfall ums Leben gekommen war.

Stalin haßte Michoels. Als Präsident des 1941 gegründeten Jüdischen Antifaschistischen Komitees galt Michoels als führende Persönlichkeit der jüdischen Minderheit in der UdSSR. Allein das reichte schon, um ihn der Spionage für den amerikanischen Geheimdienst verdächtig zu machen – ohne daß je auch nur der geringste Beweis dafür erbracht worden wäre. Nach der Ermordung von Michoels wurde das Jüdische Antifaschistische Komitee zerschlagen und die meisten Mitglieder verhaftet.* In Theatern und anderen künstlerischen Institutionen fanden systematische Säuberungsaktionen statt. Sämtliche Schauspieler des Jüdischen Theaters verloren ihren Arbeitsplatz.

Schon bald griff die Kampagne auf den Wissenschaftsbereich über. In Ministerien, wissenschaftlichen Instituten und Schuleinrichtungen wurden Sonderkommissionen gebildet, die alle Mitarbeiter von „zweifelhafter" Nationalität aussondern sollten. Ich erinnere mich, daß der Direktor des Instituts für Poliomyelitis, M. P. Tschumakow, per Erlaß des damaligen Gesundheitsministers, E. I. Smirnow, kaltgestellt wurde, weil er unvorsichtigerweise Mitarbeiter anderer Institutionen eingestellt hatte, deren „berufliche und politische Qualitäten" nicht mit der Parteilinie übereinstimmten. Der Erlaß schloß mit der namentlichen Nennung von fünfzehn jüdischen Angestellten. Sie verloren von heute auf morgen Arbeit und Lebensunterhalt.

Wissenschaftler jüdischer Herkunft, die in der Wissenschaftshierarchie Spitzenpositionen bekleideten, wurden schonungslos verfolgt, darunter auch der berühmte Biochemiker Jacob Oskar Parnas, Mitglied der Akademie der Wissenschaften. Parnas war Professor der Biochemie in der urkrainischen Stadt Lwow, die in der Zwischenkriegszeit zu Polen gehörte, und hatte mit seinen Arbeiten zur Glykolyse Weltruhm erlangt. Nach der Unterzeichnung des Molotow-Ribbentrop-Abkommens im August 1939, das die Annexion Ostpolens durch die UdSSR nach sich zog, sah sich Parnas genötigt, in Moskau zu arbeiten, wo er Mitglied der Akademie der Wissenschaften und Direktor des Instituts für biologische und medizinische Chemie wurde. Da ihm die Haarspaltereien seiner sowjetischen Kollegen mißfielen, zögerte er nicht, sie von oben herab zu behandeln, auch diejenigen unter ihnen, die ihm in puncto Verdienst durchaus das Wasser reichen konnten. Bei den Biochemieseminaren, die er in seinem Arbeitszimmer abhielt, hatte er die Angewohnheit, die russische Sprache mit seinem starken polnischen Akzent zu persiflieren.

In einer Broschüre, die er Ende der vierziger Jahre verfaßte, vertrat er die Auffassung, Roggenschwarzbrot sei aufgrund seines Vitamin- und Mineralienreichtums wertvoller als Weizenweißbrot. Zur Stützung seiner Theorie verwies er auf den Deutsch-französischen Krieg von 1870/71, als die Franzosen, die Weizenbrot aßen, den Deutschen, die sich fast ausschließlich von Schwarzbrot ernährten, weit unterlegen waren. Mit derselben Hypothese erklärte er auch die Überlegenheit der Sowjets gegenüber den Nazis im Zweiten Weltkrieg. Mit dieser Broschüre, die gerade zu Beginn der Kampagne gegen die „Kosmopoliten" erschien, zog sich Parnas den Zorn der obersten Parteifunktionäre zu. Für sie stand fest, daß der Sieg über den deutschen Aggressor nicht der Nahrung der sowjetischen Bürger, sondern der Überlegenheit des politischen Systems der

UdSSR zu verdanken war. Parnas' jüdische Herkunft machte die Sache kaum besser. Als die Agenten des KGB ihn verhaften wollten, geriet er in eine solche Erregung, daß er auf der Stelle einem Herzinfarkt erlag.

Auch andere herausragende jüdische Wissenschaftler wie Lina Stern und Isaj Present mußten mit dem Leben bezahlen. Die zuvor in Genf lebende Physiologin Lina Stern genoß lange Zeit die Wertschätzung des Regimes. Sie gehörte zu den wenigen Wissenschaftlern, die nach der Oktoberrevolution beschlossen, sich in Rußland niederzulassen. Die renommierte Neurologin wurde für ihre Forschungen über die Blut-Hirn-Schranke zum aktiven Mitglied der Akademie der Wissenschaften ernannt.

I. Present, Philosoph und Physiologe, war als enger Mitarbeiter von Lyssenko dafür verantwortlich, seinen Chef vor heiklen wissenschaftlichen Diskussionen kurz in die Materie einzuweisen. Seine Inhaftierung überraschte uns um so mehr, als er vollkommen linientreu war. Nach der Verhaftung dieser drei Personen ging in der Hauptstadt ein Sprichwort von zweifelhaftem Geschmack um: „Parnas ist kein Berg, Stern kein Stern und Present kein Geschenk mehr."

Diese düsteren Ereignisse ließen für unsere Familie nichts Gutes ahnen. Ich wußte, daß mein Vater und ich als Wissenschaftler jüdischer Herkunft ebenfalls dem Profil des Opfers entsprachen, das sich das Regime ausgesucht hatte. Wir konnten unsere Arbeit jederzeit verlieren und ins Gefängnis wandern. Mein Vater nahm die Ereignisse aber eher mit philosophischer Gelassenheit zur Kenntnis. Er dachte, wir seien durch unsere Funktion als Einbalsamierer Lenins und das Ansehen, daß wir überall im Land genossen, gegen die schlimmsten Eventualitäten gefeit. Doch im Jahr 1952, ein Jahr vor Stalins Tod, verbreitete sich eine drückende Stimmung im Mausoleumslaboratorium.

Im Februar desselben Jahren lag mein Vater krank darnieder, und ich wurde mit einigen Mitarbeitern des Mausoleumslaboratoriums nach Ulan Bator, der Hauptstadt der Mongolei, geschickt, um den Leichnam des Diktators Tschoibalsan einzubalsamieren. Auf unserer Rückfahrt informierte mich mein Kollege Dr. Debow, daß eine Kommission des Zentralkomitees der Partei unser Labor durchsucht hatte, um uns Fehler bei der Konservierung von Lenin nachzuweisen. Wir wußten instinktiv, daß dieser Besuch nichts Gutes verhieß: Das Zentralkomitee ließ es im allgemeinen nicht zu, daß nach Abschluß solcher Aufträge keine Köpfe rollen.

Zurück in Moskau mußten wir feststellen, daß unsere Vorahnungen nicht unbegründet waren. Man hatte unsere Büros auf den Kopf gestellt und sämtliche Schubladen und Schränke durchwühlt. Wir sprachen praktisch nicht mehr miteinander, aus Angst, ein falsches Wort könnte uns entschlüpfen. Wir wußten, daß es unter uns im Laboratorium verdeckte Agenten des KGB gab, die sogenannten *seksot,* die jede tendenziöse Äußerung melden mußten. Der KGB besaß mehrere zehntausend Geheimagenten in Unternehmen, Institutionen und Fabriken.

So erfuhr ich bei meiner Rückkehr von meiner Reise nach Leningrad Ende März 1952 mit Entsetzen, daß man meinen Vater festgenommen hatte. Seine Inhaftierung, mit der für unsere Familie eine äußerst schwere Zeit begann, dauerte fast zwei Jahre und wurde nur durch lange, aufreibende Verhöre unterbrochen.

Der mit dem Fall betraute „Untersuchungsrichter" warf meinem Vater zunächst einmal seine Vergangenheit als Sozialrevolutionär vor. „Als SR-Abgeordneter der Verfassungsgebenden Versammlung haben Sie die Bolschewiki bekämpft!" schleuderte ihm der Justizbeamte entgegen. Mein Vater leugnete sein SR-Mandat nicht, betonte jedoch, er habe nach Auflösung der Versammlung jeden Kontakt zu den Sozialrevolutionären abgebrochen.

Schlimmer noch wogen seine freundschaftlichen Beziehungen zu Rykow, Bucharin und Jagoda. „Welche Beziehungen unterhielten Sie zu Rykov, dem schlimmsten Feind der Partei und des sowjetischen Volks?", fragte ihn der Richter. „Ich war in der Tat mit ihm bekannt", antwortete mein Vater, „aber ich habe mit ihm nie über Politik gesprochen." Das war nicht ganz richtig. Bei unseren Zusammenkünften in Rykows Datscha war durchaus von Politik die Rede gewesen, und dies vielfach in einer sehr stalinkritischen Weise. Aber es war ausgeschlossen, so etwas einzugestehen: Es hätte meinen Vater das Leben gekostet.

Als ich 1992 endlich Einblick in die stenographierten Verhörprotokolle erhielt, die im Archiv des KGB lagerten, ergriff mich ein Gefühl der Traurigkeit, das nicht ohne ironischen Beigeschmack war. Da hatte sich mein Vater ein Leben lang bemüht, das Bild eines über jeden Zweifel erhabenen Sowjetbürgers abzugeben, der einige der höchstplazierten Persönlichkeiten des Staates zu seinen Freunden zählte, und nun wurde ihm aus eben diesen Beziehungen ein Strick gedreht. Sein Ehrgeiz, als exemplarischer Genosse zu erscheinen, kehrte sich von da an gegen ihn.

Doch dabei beließen es seine Henker nicht. Sie beschuldigten ihn der schlimmsten aller Sünden, des „jüdischen Nationalismus". Sie schoben ihm, völlig aus der Luft gegriffen, Beziehungen zum Jüdischen Antifaschistischen Komitee unter, das darüber diskutiert habe, ihm anzutragen, das Amt des ermordeten Präsidenten Michoels zu übernehmen. „Und wer hat Ihnen eigentlich den Befehl erteilt, Michoels' Leichnam einzubalsamieren?", fragte ihn der Richter argwöhnisch, als beweise diese Einbalsamierung unwiderlegbar, daß mein Vater die Aktivitäten des Komitees unterstützte.

Noch lächerlicher war die Anklage, mein Vater habe einer Wache an Lenins Sarg, wie sie auf einem Foto in seinem Buch über das Mausoleum zu sehen ist, ein Bärtchen angeklebt, damit sie ein wenig wie Trotzki aussähe. Mein Vater konnte noch so sehr beteuern, daß dieses Bärtchen auf keinem der ihm bekannten Exemplare zu sehen sei, der Richter wollte nichts davon wissen. Er erblickte darin einen weiteren Hinweis auf die Komplizenschaft meines Vaters mit dem „rechtstrotzkistischen Block".

Kurz nach der Verhaftung meines Vaters traf unsere Familie ein weiterer Schicksalsschlag: Unter dem Vorwand der Ämterhäufung – ich bekleidete seit 1946 auch das Amt des Labordirektors am Krebsforschungszentrum – wurde ich offiziell meines Postens am Mausoleumslaboratorium enthoben.

Unsere Freunde waren seit der Verhaftung meines Vaters sorgsam darauf bedacht, uns zu meiden. Wir fühlten uns wie Aussätzige. Doch damit fand unser Leidensweg noch kein Ende. Mitte April verlor ich auch meinen Posten am Krebsforschungsinstitut, nachdem eine Kommission des Gesundheitsministeriums auf Anweisung der Partei beschlossen hatte, das Führungspersonal wissenschaftlicher Institutionen auf ihre „berufliche und politische Eignung" zu überprüfen. Im Klartext: Man wollte sich der Juden und der Verwandten inhaftierter Personen entledigen.

Einige Tage später erhielt ich eine Vorladung zum Abteilungsleiter für Führungspersonal beim russischen Gesundheitsministerium, einem gewissen Boris Kasakow, der mir mit dem Ausdruck tiefsten Bedauerns meine Entlassung vom Krebsforschungszentrum bestätigte. Auf meine Frage, ob es ihm möglich sei, mir eine andere Stelle zu beschaffen, antwortete er beschämt: „Ich weiß um Ihre Kompetenz und Ihre Fähigkeiten, aber ich kann leider nichts für Sie tun." Die sowjetische Gesellschaft war in Täter und Opfer gespalten, doch unter ersteren gab es zwei Gruppen: Den Unehrenhaften bereitete es Vergnügen, Böses zu tun; die anderen taten es nur widerwillig. In diesem Sinn war Kasakow ein Ehrenmann.

Zahlreiche Wissenschaftler fanden sich wie ich von heute

auf morgen ohne Arbeit wieder. In Moskau ging das Gerücht um, man bereite eine Deportation nach Birobidshan, das in Ostsibirien gelegene Jüdische Autonome Gebiet, vor.

Ich konnte seitdem nicht mehr die geringste Arbeit finden, nicht einmal als Hausmeister oder Arbeiter. Überall, in Moskau wie in der Provinz, stieß ich auf eine Mauer aus Argwohn und Mißtrauen. Ich lebte ständig in der Angst vor Verhaftung. Ich ging möglichst wenig aus dem Haus. Ich versuchte, meine Bücher zu verkaufen, um zu überleben, doch kein Buchhändler zeigte Interesse. Man verbot die Veröffentlichung meiner wissenschaftlichen Beiträge und tilgte aus den Artikeln meiner Kollegen und Schüler systematisch sämtliche Verweise auf meine Arbeiten. Das magere Gehalt, das meine Frau als Biologielehrerin an einer Krankenpflegeschule verdiente, reichte nicht, um unsere beiden Kinder zu ernähren. Mein geistiges und materielles Leben wurde bald zur Hölle.

Eines Nachts klingelte es um drei Uhr an der Tür. Ich machte mich auf das Schlimmste gefaßt. Ich war überzeugt, ich würde von Agenten des MGB (früher KGB) verhaftet werden. Doch als ich die Tür öffnete, konnte ich über meinen Irrtum nur lachen. Sturzbetrunken – er konnte sich kaum noch auf den Beinen halten – lud mich mein Nachbar von nebenan zum Wodka ein. Ich konnte ihm nicht verheimlichen, welchen Schrecken sein unerwartetes Klingeln meiner Frau und mir eingejagt hatte.

Infolge der unheilvollen Ereignisse, die über unsere Familie hereinbrachen, veränderte sich auch das Verhalten unserer Bekannten. Als ich einem von ihnen am Telefon von meinen Schwierigkeiten bei der Arbeit berichtete, legte er sofort auf und ließ nie wieder von sich hören. Ein anderer, mit dem ich seit langen Jahren befreundet war, wechselte auf die andere Straßenseite, wenn wir uns zufällig begegneten.

Ein entfernter Bekannter jedoch, den wir bislang nur selten sahen, zeigte sich unter diesen Umständen besonders großzügig und bot uns Geld und materielle Hilfe an. Die Lage unserer Familie hatte sich so unhaltbar verschlechtert, daß wir keine andere Wahl hatten, als das Hilfsangebot anzunehmen. Eine andere Bekannte meiner Frau vertraute uns an, daß sie für den MGB arbeite, und setzte sich wiederholt, doch vergebens, für uns ein.

Am 30. Dezember 1953 wurde mein Vater aus „Mangel an Beweisen" schließlich auf freien Fuß gesetzt. Ich war sehr überrascht, daß er von Stalins Tod, der bereits acht Monate zurücklag, nichts wußte. Wahrscheinlich verdankte mein Vater diesem unerwarteten Ereignis, daß er nicht im Gefängnis zugrunde ging.

Die Neuigkeit vom plötzlichen Tod des „Vaters und besten Freundes aller Völker" löste bei Millionen von Sowjetbürgern tiefe Betroffenheit aus. Durch viele Jahre „politische Erziehung" konditioniert, glaubten sie schließlich aufrichtig an die außerordentliche Güte und tiefe Wahrheit von Stalins Ansichten. Der Tod ihres großen Führers ließ eine gähnende Leere zurück, auf die sie in keiner Weise vorbereitet waren.

Am Vorabend der Trauerfeierlichkeiten ging ich mit meiner Frau zum Trubnaja Ploschad (Röhrenplatz). Eine Menschenmenge mit bleichen Gesichtern und tränennassen Augen strömte in tiefem Schweigen bis zum Haus der Gewerkschaften, wo der Leichnam des Tyrannen aufgebahrt lag, genauso wie Lenin im Jahr 1924. Die Menge schwoll immer weiter an. Durch den Engpaß, den die beiden Anhöhen am Rande des Platzes bilden, wurde das Gedränge unerträglich. Meine Frau und ich konnten kaum noch atmen. Nur durch kräftigen Ellbogeneinsatz konnten wir uns schließlich aus dem dichten Gedränge befreien. Wie ich später erfuhr, sind Hunderte von Personen in der Menge erstickt oder von Pferden der berittenen Polizei zu Tode

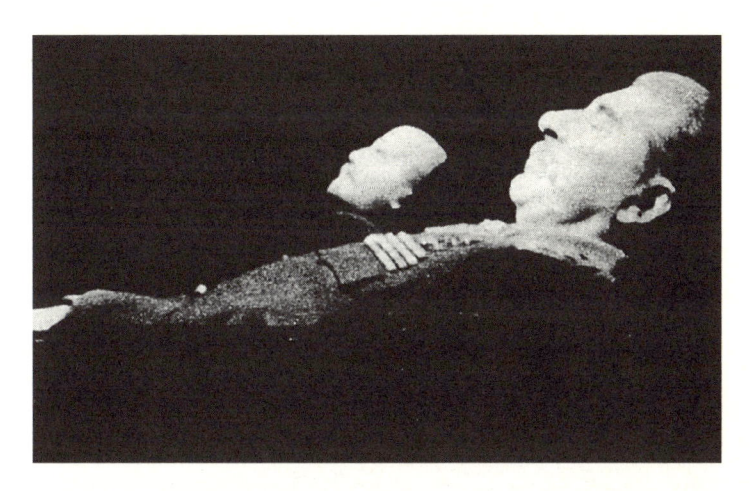

Von 1953 bis 1961 ruhte Stalins Leichnam neben Lenin im Mausoleum.

getrampelt geworden. Sogar nach seinem Ableben, dachte ich bei mir, metzelt Stalin weiterhin unschuldige Menschen nieder.

Als in den Tagen nach Stalins Tod die Bildung einer Kollegialregierung verkündet wurde, atmete ich erleichtert auf. Ich dachte, daß die Diktatur einer Führungsgruppe nicht so hart sein könne wie der Despotismus eines einzelnen Menschen. Da mein Vater inhaftiert und ich meines Postens am Mausoleumslaboratorium enthoben war, fiel die Aufgabe, den Leichnam des Diktators einzubalsamieren, Mardaschew und meinem Schüler Debow zu. Die Leiche war bereits zwei Stunden nach Bekanntgabe von Stalins Ableben ins Laboratorium gebracht geworden. Wie Debow mir später erzählte, stellte er an jenem Tag mit Überraschung fest, daß Stalins Gesicht in Wirklichkeit nicht dem Bild entsprach, das die Propaganda von ihm in Umlauf gebracht hatte: Es war übersät mit Pockennarben und braunen Flecken.

Neben Lenin wurde ein weiterer Katafalk aufgestellt und die Inschrift auf dem Mausoleum in LENIN STALIN geän-

1953: Stalins Sarg vor dem Mausoleum

dert. Acht Jahre später, im Jahr 1961, wurde der Leichnam entsprechend der Resolution des 22. Parteitags der KPdSU heimlich aus dem Mausoleum entfernt und neben den anderen Würdenträgern des Regimes an der Kremlmauer beigesetzt. Aus dem schwarzen Labrador-Monolith über dem Eingang wurde Stalins Name getilgt. Chruschtschow, der die Verbrechen des Tyrannen auf dem 20. Parteitag der KPdSU angeprangert hatte, soll bei dieser Gelegenheit erklärt haben: „Das Mausoleum stinkt nach Stalins Leiche." Unter der Moskauer Bevölkerung machte das Sprichwort die Runde: „Schlaf' nie in einem fremden Mausoleum."

Meinen Vater hatten die Jahre im Gefängnis sehr mitgenommen. Er war erheblich abgemagert und sah angegriffen aus, wie ein verprügelter Hund. Ich riet ihm zu einem Erholungsaufenthalt in einem Sanatorium. Er lehnte kategorisch ab. Er wollte unbedingt sofort wieder arbeiten. Doch da es ihm verwehrt war, seine Tätigkeit am Mausoleum wieder aufzunehmen, mußte er sich mit dem Posten des zweiten Professors am Lehrstuhl für Biochemie des Ersten Moskauer Medizinischen Instituts zufrieden geben. Doch schon bald wurde er erneut, wie schon im Gefängnis, von Herzanfällen heimgesucht. Am 7. Oktober 1954 erlag er während einer Vorlesungspause einer erneuten Herzattakke. Die Autopsie ergab Tod durch linksseitigen Verschluß der Herzkranzarterie.

Die harten Lebensbedingungen im Gefängnis haben sein Ende sicherlich beschleunigt. Von den 21 Monaten, die er in Haft war, verbrachte er acht im Gefängniskrankenhaus. Er litt unter Arteriosklerose der Herzkranzgefäße, Unterversorgung des Herzmuskels und einem Lungenemphysem. Er war so schwach, daß er zu jeder körperlichen Arbeit für unfähig erklärt wurde. Ob man ihn folterte, weiß ich nicht. Ich vermied es, ihn darauf anzusprechen. Der KGB hatte in den Zimmern und Straßen hochempfindliche Mikrofone installiert, die sogar Privatgespräche in den Straßen und Häusern abhören konnten.

Auch in den Monaten nach Stalins Tod mußte ich bei meiner Arbeitssuche alle möglichen Demütigungen über mich ergehen lassen. Ich klopfte beim Gesundheits-, Bildungs- und Industrieministerium an, doch ohne Erfolg. Dann erfuhr ich, daß einige der Kollegen, die wie ich entlassen worden waren, in der Provinz eine Anstellung fanden. Ich beschloß, mich erneut ans Gesundheitsministerium zu wenden, und gab dabei an, ich sei auch bereit, außerhalb von Moskau zu arbeiten.

Der Minister höchstpersönlich empfing mich, ein gewisser Stepanow. Gleich eingangs erklärte er, er habe mir nichts anzubieten. Ich erkundigte mich nach den Gründen für die Ablehnung meines Gesuchs. „Jedenfalls sind Sie nicht Arzt", versetzte er heftig. Ich gab ihm zu bedenken, daß auch Pasteur, obgleich kein Arzt, sich nicht davon abhalten ließ, zu medizinischen Fragen Stellung zu beziehen. „Wie können Sie es wagen", fuhr der Minister auf, „sich mit Pasteur zu vergleichen!" Daraufhin jagte er mich wie einen räudigen Hund aus seinem Büro.

Kurz nach der Freilassung meines Vaters erfuhr ich von der Freundin meiner Frau, die im Gesundheitsministerium arbeitete, unter der Siegel der Verschwiegenheit, man habe beschlossen, mir meine Stelle am Krebsforschungszentrum zurückzugeben, doch sei es, um den Prozeß zu beschleunigen, nötig, einen Stellvertreter des Ministers zu schmieren. Da wir schon nahezu im Elend lebten, konnte ich diese Geldsumme unmöglich aufbringen. Zwei lange Monate vergingen, bis der stellvertretende Direktor des Krebsforschungszentrums sich die Mühe machte, mich anzurufen, um mir die Wiederaufnahme meiner Tätigkeit als Direktor des biochemischen Labors anzubieten. Meine Bezüge am Institut reichten indes nicht, um eine vierköpfige Familie zu ernähren. Deshalb setzte ich meine Suche nach

Arbeit fort. Als sich die politische Situation im Land 1956 entspannte, gingen allmählich einige Arbeitsangebote ein. Das interessanteste stammte von Mardaschew, der unterdessen zum Direktor des Mausoleums avanciert war. Er bot mir an, sein Stellvertreter zu werden und die durch den Tod meines Vaters vakant gewordene Zweitprofessur am biochemischen Lehrstuhl des Ersten Moskauer Medizinischen Instituts zu übernehmen.

Nach einiger Bedenkzeit beschloß ich, Mardaschews Angebot anzunehmen. Ich wußte nicht, daß ich mich durch diese Entscheidung einer abermaligen Demütigung aussetzen sollte. Maria Kowrigina, die neue Gesundheitsministerin, widersetzte sich meiner Anstellung am Mausoleum. So groß war die Trägheit des stalinistischen Systems, daß sich noch drei Jahre nach dem Tod des Diktators Leute fanden, die sich meiner Nominierung entgegenstellten, nur weil sie nicht vergessen wollten, daß mein Vater und ich einmal in Ungnade gefallen waren. Zum Beweis: Daß sich der Wissenschaftsrat des Instituts für Biophysik nach der Einstellungsprüfung mehrheitlich für mich aussprach, hinderte den Abteilungsleiter für radiobiologische Forschungen beim Gesundheitsministerium keineswegs, meine Nominierung abzulehnen und einen Kandidaten, der bei der ratsinternen Abstimmung keine einzige Stimme erhalten hatte, auf den Posten zu setzen.

Mein Glück verdankte ich schließlich einem Freund, Georgi Smirnow, der mir in seiner Eigenschaft als stellvertretender Direktor des Instituts für Tiermorphologie vorschlug, in seinem Institut ein biochemisches Labor aufzubauen. Da sich meine Forschungen hauptsächlich mit dem Zellkern und dessen Organellen befassen, tauften wir es „Labor für die Biochemie der Zellstrukturen". Die Ernennung auf diesen Posten setzte allen Hoffnungen auf eine Wiedereinstellung beim wissenschaftlich weit besser ausgestatteten Mausoleumslaboratorium ein Ende.

12. Das Mausoleumslaboratorium wird im Ausland tätig

„Die Multinationale der Einbalsamierer"

Gegen Ende der vierziger Jahre erweiterte das Mausoleumslaboratorium seinen Tätigkeitsbereich auf die Konservierung verstorbener Staatschefs anderer kommunistischer Länder und entwickelte sich damit zu einer Art Weltzentrum der Einbalsamierung. So wurden in den knapp fünfzig Jahren zwischen 1949 und 1995 der bulgarische KP-Chef Georgi Dimitrow, der mongolische Diktator Tschoibalsan, der tschechoslowakische KP-Chef Klement Gottwald, der Führer der Vietminh Ho Chi Minh, das Staatsoberhaupt der Volksrepublik Angola Agostinho Neto, der Präsident der Kooperativen Republik Guayana Lindon Forbes Burnham und der Tyrann Nordkoreas Kim Il Sung nach derselben Methode konserviert, die vor dem Zweiten Weltkrieg den sterblichen Überresten Lenins vorbehalten war.

Diese Internationalisierung war in erster Linie dem Umstand zuzuschreiben, daß das Laboratorium nach 1945 über eine weitaus großzügigere materielle und wissenschaftliche Ausstattung verfügte als vorher. Auch das Personal wurde erheblich aufgestockt. Waren 1939 nur vier Wissenschaftler beschäftigt, so stieg ihre Zahl nach dem Krieg auf 35 Mitarbeiter. Ein Heer von Histologen, Anatomen, Biochemikern, Physikochemikern und Optikern verstärkte unser Team. Dies gab übrigens auch den Startschuß für mehrere Forschungsarbeiten über die Zusammensetzung der Haut und des subkutanen Zellgewebes sowie über die autolytischen Faktoren, die die Gewebezersetzung verursachen. Ich selbst arbeitete nur an der Einbalsamierung von Dimitrow und Tschoibalsan mit. Durch meine Entlassung im Jahr 1952 konnte ich an den anderen Aufgaben nicht teilnehmen.

Georgi Dimitrow, Chef der bulgarischen KP und ehemaliger Generalsekretär der Kommunistischen Internationale, starb am 2. Juli 1949 in Moskau. Seine historische Bedeutung ließ es gerechtfertigt erscheinen, ihn einzubalsamieren. Dies war zumindest die Ansicht der bulgarischen Machthaber. Dimitrow sei durch sein couragiertes Auftreten im Leipziger Prozeß 1933 zur Legende geworden. Die Anklage beschuldigte ihn damals, den Reichstagsbrand angezettelt zu haben, doch Dimitrow konnte seine Richter davon überzeugen, daß gegen ihn und zwei seiner bulgarischen „Genossen" nicht der geringste Beweis vorliege, und wurde daraufhin freigesprochen.

Wie damals, als wir Lenins Leichnam nach Tjumen brachten, wurde ein Sonderzug bereitgestellt, um den Toten nach Sofia zu überführen. Mein Vater und ich sollten ihn begleiten. Im Sommer 1949 herrschte eine drückende Hitze. Die Fenster des Waggons, in dem die Leiche lag, waren mit dunklen Stoffen verhängt. Die Luft im Innern war erfüllt vom betäubenden Duft zahlloser Blumenkränze, die den Sarg umgaben. Außer meinem Vater und mir befand sich im Zug auch eine sowjetische Regierungsdelegation unter Leitung des Politbüromitglieds K. E. Woroschilow, der maßgeblich daran beteiligt war, daß der deutsche Angriff die sowjetischen Streitkräfte völlig unvorbereitet traf. Ich wunderte mich, daß dieser Mann im Staatsapparat noch immer zur ersten Garnitur gehörte.

Unser Zug besaß einen Sonderstatus. Wir reisten ohne Paß und ohne Diplomatenpapiere und passierten die bulgarische Grenze ohne irgendwelche Kontrollen. Ich konnte nicht umhin, dabei an den verplombten Waggon zu denken, mit dem Lenin und eine Handvoll Bolschewiki dank der finanziellen und diplomatischen Unterstützung Deutschlands im Frühjahr 1917 unbehelligt bis Petersburg gelangten.

Als wir die Donau bei Nacht überquerten, sahen wir aus der Ferne am anderen Ufer die Lichter der bulgarischen Stadt Russe. Bei unserer Ankunft in Sofia stellten wir erstaunt fest, daß das Mausoleum für Dimitrow bereits fertig war; schließlich war der bulgarische Staatschef erst vor wenigen Tagen gestorben. Das rechteckige Bauwerk auf dem zentralen Platz von Sofia erinnerte an das Lenin-Mausoleum, nur war es weiß und von bescheideneren Dimensionen. Auch hier hatte man die Frontseite mit einer Tribüne versehen, auf der die bulgarische Führung nach dem Vorbild ihrer Moskauer Genossen die Demonstrationen am 7. November und 1. Mai sowie die Paraden an den Nationalfeiertagen abnehmen würden.

Nach den Trauerfeierlichkeiten waren die aus aller Welt angereisten KP-Vertreter, darunter der Generalsekretär der französischen KP Maurice Thorez und sein britischer Kollege Harry Pollit, zu einem großen Totenmahl ins Haus der Regierung geladen.

Mardaschew, mein Vater und ich logierten im Wranya-Palast, vor dem Krieg in Besitz des Zaren Boris III. Ich fand den Ort bezaubernd, weil er etwas vom „alten Europa" ausstrahlte. Wo sich das Auge hinwandte, Karyatiden, Atlasfiguren, vergoldete Putti, Deckengemälde und Möbel mit feinen Intarsien. Zwei Agenten des bulgarischen Geheimdiensts waren stets zu unseren Diensten. Sie ließen es uns an nichts fehlen, versorgten uns mit Zeitungen, brachten unsere Anzüge zur Reinigung und riefen den Friseur. Nie zuvor hatte ich in einem solchen Luxus gelebt.

Zu den köstlichen Mahlzeiten – Wild in scharfer Soße, geräucherter Fisch oder Kalbsragout – wurden fünf verschiedene Weine gereicht. Wir konnten noch so sehr protestieren, unsere Gastgeber entkorkten eine Flasche nach der anderen. Dieses merkwürdige Verhalten fand eine einfache Erklärung: Jedesmal wenn wir durch Kopfschütteln „nein" zu verstehen geben wollten, verstanden die Bulgaren „ja" – eine orientalische Tradition, die sie von den türkischen Eroberern übernommen haben.

In zwei Räumen des Schlosses wurde notdürftig das Laboratorium eingerichtet, in dem wir an der Leiche arbeiteten. Die Einbalsamierung von Dimitrow folgte demselben Schema wie bei Lenin, bis auf einen Unterschied: Der Leichnam des bulgarischen KP-Chefs befand sich in einem weit besseren Zustand als der Leichnam des Gründers der Sowjetunion, was die Arbeit ungeheuer erleichterte. In der ersten Woche arbeiteten mein Vater und ich allein. Wir fixierten das Gewebe mit Formalin, wobei uns die drückende Hitze in Verbindung mit den Formalindämpfen mehr als einmal Übelkeit bereiteten.

In meiner freien Zeit schlenderte ich durch die Straßen von Sofia. Die heitere Atmosphäre stand in auffälligem Kontrast zur Eintönigkeit unseres grauen Alltags in Rußland: Die Geschäfte waren mit allerlei Waren wohlbestückt, die Kleidung war bunt, und die Studenten sangen und tanzten bis spät in die Nacht. Kurzum, Bulgarien war es gelungen, noch nicht ganz und gar „sozialistisch" zu werden.

Im Verlauf unserer Mission in Sofia befragte ich die wenigen Wissenschaftler, die Worobjow während seines Aufenthalts in der Stadt kennengelernt hatte, welchen Eindruck sie von ihm hätten. Seine Vorträge und die angeregten Abendgesellschaften in seiner Wohnung oder im Restaurant waren allen noch in lebhafter Erinnerung. Ein Professor vertraute mir an, er besitze Briefe von Worobjow. In der Hoffnung, eine neue Facette dieses Mannes zu entdecken, der mir in meiner Kindheit so sehr ans Herz gewachsen war, drang ich in ihn, mir einen Blick auf diese Briefe zu gewähren. Doch einer meiner Mitarbeiter am Mausoleum, Mardaschew, erhob Einspruch und riet mir nachdrücklich davon ab, weil sie kompromittierende Dinge enthalten könnten. So mußte ich auf dieses Vergnügen leider verzichten.

Nachdem die arbeitsintensivste Phase unserer Arbeit

beendet war, erhielt ich mit Mardaschew eine Einladung zu einem zehntägigen Aufenthalt im Sanatorium von Euxinograd am Schwarzen Meer. Dort verbrachten die Parteichefs, Minister und Diplomaten aus den „sozialistischen Bruderländern" für gewöhnlich gemeinsam ihre Ferien. Wir logierten in einem rosafarbenen Palais mit hellen, geräumigen Zimmern. Der gegenüberliegende Park fiel sanft zu einem weißen Sandstrand hin ab. Von meinem Zimmer aus konnte ich einen großen Wellenbrecher sehen, dessen engstehende Pfähle die Brandung abschwächen sollten, um das Badevergnügen der „Genossen" noch angenehmer zu gestalten.

Die meisten Gäste verständigten sich in gebrochenem Russisch. Die Gespräche waren extrem diplomatisch. Jeder fürchtete, ein unbesonnen dahingesagtes Wort könnte falsch gedeutet werden. Man sprach über das Wetter, die schönen bulgarischen Tomaten oder den angenehmen Geschmack des Joghurts. Auf einem Bootausflug, zu dem wir alle eingeladen waren, lernte ich einen albanischen Diplomaten kennen. Die Frau des sowjetischen Botschafters in Sofia versuchte unser Gespräch mitzuhören und unterbrach uns mit der Frage, in welcher Sprache wir uns unterhielten. „Auf Französisch", gab ich zur Antwort. „Wieso auf Französisch?", wollte sie wissen. „Weil er keine andere Fremdsprache versteht", versetzte ich. „Sagen Sie ihm", schloß die Dame trocken, „er habe ab sofort wie alle anderen Russisch zu lernen." Ich fühlte mich von dieser Äußerung abgestoßen. Aber sie war durchaus kennzeichnend für die damalige Zeit. Seit dem Sieg über Deutschland und der Annexion Osteuropas erlebte der großrussische Chauvinismus einen ungeheuren Auftrieb.

Die Einbalsamierung von Dimitrow dauerte kaum drei Monate. Vor unserer Rückkehr nach Moskau wollte die bulgarische Führung uns für unsere Arbeit großzügig entlohnen. Wir rieben uns die Hände bei dem Gedanken, unse-

Der einbalsamierte Leichnam von Georgi Dimitrow, Chef der Kommunistischen Partei Bulgariens und ehemaliger Vorsitzender der Kommunistischen Internationale.

Die sterblichen Überreste von Georgi Dimitrow.

ren miserablen Lebensstandard ein wenig aufzubessern. Allerdings mußte der bulgarische Staat vorher Moskau um Erlaubnis bitten. Die Antwort unserer Machthaber ließ nicht auf sich warten: „Geschenk der Regierung der Sowjetunion an Bulgarien!"

Weder mein Vater noch ich selbst reisten ein zweites Mal nach Sofia. Andere Mitarbeiter unseres Laboratoriums fuhren regelmäßig dorthin, um den Zustand der Dimitrow-Mumie zu überprüfen. Vierzig Jahre lang lag sie in ihrem Mausoleum. Im Juli 1990 beschlossen die bulgarischen Demokraten, Dimitrow in der Nähe des Grabs seiner protestantischen Eltern beizusetzen.

Im Februar 1952 erfüllte ich meinen letzten Auslandsauftrag im Dienst des Laboratoriums. Mein Vater erholte sich gerade von einer Gallenoperation und war ans Bett gefesselt. Sein Stellvertreter Sergej Mardaschew sprang für ihn ein. Ich erhielt einen Anruf von Pjotr Jegorow, dem Chefarzt des Kreml. Er bat mich, umgehend in die Leichenhalle des Kreml-Krankenhauses zu kommen. Mardaschew begleitete mich. In einer länglichen Metallwanne lag ein dicker Mann mit Schlitzaugen. Niemand wagte uns zu sagen, wer er sei. Wir dachten einen Moment an Mao Tse-Tung, doch da Stalins Sekretär Poskrebyschew nicht zugegen war, verwarfen wir diese Hypothese wieder.

Einige in Zivil gekleidete Beamte des Ministeriums für Innere Sicherheit durchsuchten die Leiche sorgfältig. Ein Pathologe nahm die Autopsie vor, injizierte Formalin in die Aorta und untersuchte die inneren Organe. Als er das Ergebnis seiner Untersuchung bekannt gab, hörten wir jemanden erleichtert aufseufzen, nämlich den Präsidenten der Akademie für Medizinwissenschaften und Chirurgen A. N. Bakulew. Er hatte dem Unbekannten einige Stunden zuvor einen Primärtumor herausoperiert und hatte nun panische Angst, man könnte ihn für den Tod des Patienten verantwortlich machen. So beruhigte es ihn unendlich, daß der Leichnam von Metastasen förmlich zerfressen war. „Gott allein weiß, was andernfalls mit mir geschehen wäre", flüsterte er mir ins Ohr.

Anschließend erfuhren wir zwar, daß wir die Aufgabe hätten, den Leichnam in eine entfernte Gegend zu überführen und dort einzubalsamieren, aber die Identität des Toten wollte man uns noch immer nicht verraten. Erst wenige Stunden vor unserer Abreise setzte man uns in Kenntnis. Es handelte sich um den mongolischen Diktator Tschoibalsan, den wir nach Ulan Bator begleiten sollten.

Nach einer mehrtägigen Zugfahrt kamen wir erschöpft in der Hauptstadt der Mongolei an. Was die Bezeichnung „Haupstadt" angeht, handelte es sich eher um einen Marktflecken mit Handvoll Steinbauten: eine Universität, ein Theater, ein Rathaus sowie der Regierungspalast mit dem Mausoleum von Suhe Bator, dem Gründer der sozialistischen Republik der Mongolei, sowie von dessen Nachfolger Tschoibalsan. Diese Gebäude waren die einzigen erkennbaren „Spuren" von Sozialismus. Ansonsten bestand die Stadt aus Jurten (mit Tierhäuten bespannte Zelte), zwischen denen Kamele und Pferde grasten.

Aus diesem Nomadenvolk bezog Tschoibalsan, der ehemalige Führer der Union der aufständischen Schäfer, seine Macht. Mit der finanziellen und militärischen Unterstützung der Sowjetunion hatte er auch keine Probleme, sich zu halten. Sogar nach dem Tod des mongolischen Tyrannen bezog Ulan Bator seine Befehle weiterhin aus Moskau. Der Beweis dafür wurde uns im Laufe einer Unterredung mit dem neuen Staatsoberhaupt Zedenbal geliefert, der sich zu keiner Meinungsäußerung hinreißen ließ, ohne vorher mit seinem sowjetischen Berater Rücksprache zu halten, der sich ständig an seiner Seite befand.

Aus dem Kreml kam übrigens auch der Befehl, Tschoibalsan nur für kurze Dauer zu konservieren. Bei einer Bevölkerung von nur einer Million Einwohnern war es nach

Ansicht der sowjetischen Führung nicht gerechtfertigt, mehr für die Mongolei zu tun. Das Grabgewölbe mit den sterblichen Überresten von Tschoibalsan wurde schließlich versiegelt.

Am 14. März 1953 starb in Prag der tschechoslowakische KP-Chef Klement Gottwald an den Folgen einer Lungenentzündung, die er sich bei den Trauerfeierlichkeiten für Stalin zugezogen hatte. So kann er in gewisser Weise als posthumes Stalin-Opfer gelten.

Die Einbalsamierung des Toten fand in der Tschechoslowakei statt. Gottwald lag bis zum Beginn der Entstalinisierung 1956 in seinem Mausoleum und wurde anschließend eingeäschert. Seine Asche ruht derzeit im Pantheon. „Das Einbalsamieren", verfügte damals die Führung tschechoslowakischen KP, „gehört nicht zu den Sitten und Gebräuchen unseres Volks."

Anläßlich des hundertsten Geburtstags von Lenin im Jahr

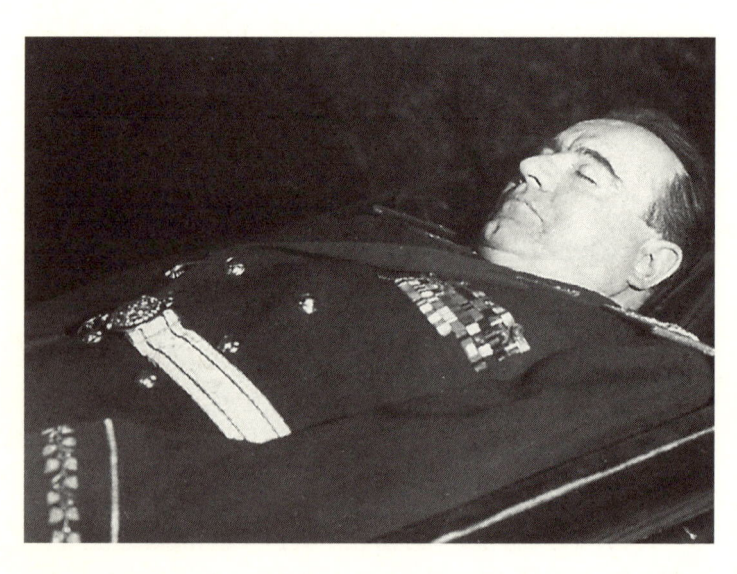

Der einbalsamierte Leichnam Klement Gottwalds, KP-Chef der Tschechoslowakei.

1970 begann ein neuer Abschnitt in der Geschichte des Mausoleumslaboratoriums. Das Politbüro bewilligte den Kauf moderner Apparaturen, darunter Zentrifugen, Elektronenmikroskope, automatische Aminosäurenanalysatoren, Spektralphotometer usw., die ausnahmslos aus dem Ausland importiert wurden und mehrere Millionen Dollar kosteten. Mit der Einstellung von fünfzig neuen Wissenschaftlern stieg die Gesamtzahl auf fast einhundert. Lenins Leichnam wurde mit Spezialkameras photographiert, Zentimeter für Zentimeter analysiert und gegebenenfalls retuschiert. Die Formel, die Worobjow und mein Vater entwickelt hatten, wurde erheblich verbessert. Die Lösung war nun so wirksam, daß ein damit einbalsamierter Leichnam sogar nach einer eventuellen Beerdigung mehrere Monate, ja sogar Jahre das Aussehen eines lebendigen Menschen bewahrte.

Jeder wissenschaftliche Mitarbeiter des Laboratoriums hatte für seine Experimente eine Leiche zur Verfügung, deren Identität ihm nicht bekannt war. Noch heute lagern in einer Art „Geheimmuseum" des Laboratoriums viele anonyme Tote. Die meisten liegen unter einer Glashaube, andere wurden schon vor Jahren in ihrem „Balsambad" vergessen. Wie Algen treibt ihr Haar in der Lösung – ein Schauspiel, das seinesgleichen sucht.

Im Jahre 1969 erhielten die Wissenschaftler des Laboratoriums abermals einen Auslandsauftrag. Diesmal sollten sie Ho Chi Minh einbalsamieren, den Führer der Vietminh, die sich mit den Vereinigten Staaten im Krieg befanden. Diese Episode, die zu den bestgehüteten Geheimnissen des Laboratoriums gehört, wurde mir von einem Wissenschaftler berichtet, der noch immer am Laboratorium arbeitet. Er erzählte mir folgendes:

„Meine erste Reise nach Nord-Vietnam fiel in den Oktober 1971. Ich erinnere mich noch an den Tag meiner Ankunft. Als wir die Gegend um Hanoi überflogen, stand die Erde unter uns in Flammen. Seit einigen Wochen bombardierten die Amerikaner Hanoi mit doppelter Intensität. Die Phantomjäger, die unsere Maschine von Laos nach Vietnam eskortierten, machten kehrt, denn unmittelbar danach endete der von den Amerikanern kontrollierte Luftkorridor.

Wir landeten auf dem Flughafen von Zalam am Roten Fluß. Die Hitze war unerträglich: 40 Grad Celsius bei fast 100prozentiger Luftfeuchtigkeit. Dabei hatten wir schon Herbst. Eine kleine Delegation von Vietminh-Offizieren nahm mich in Empfang. Alle erkundigten sich nach meiner Gesundheit, nach der Gesundheit meiner Frau, meiner Kinder usw. ‚Fernöstliche Höflichkeit', sagte ich mir und ließ die endlose Begrüßungszeremonie über mich ergehen. Man reichte mir eine mikroskopisch kleine Tasse und goß mir von einer gelblichen, bitterschmeckenden Flüssigkeit ein. Es war grüner Tee. Ich hatte noch nie grünen Tee getrunken.

Auf der Fahrt nach Hanoi fiel mein Blick auf eine riesige Stahlkonstruktion mit einer Länge von fast anderthalb Kilometern. ‚Das ist die Lambigne-Brücke, die größte in Fernost', erklärte mir einer meiner Begleiter. ‚Sie wurde', wie er sogleich hinzufügte, ‚vor fast einhundert Jahren von dem französischen Ingenieur Gustave Eiffel erbaut; Sie wissen schon: der mit dem Eiffelturm.' Ich war erstaunt, daß die majestätische Brücke trotz der zahllosen Bombenangriffe noch immer fest auf ihren Sockeln stand.

In Hanoi angekommen, brachte man mich in einem schönen Haus im Kolonialstil unter, das vor dem Krieg einem französischen General gehört hatte. Meine Spaziergänge durch die Stadt wurden häufig von schrillem Fliegeralarm unterbrochen. Im Handumdrehen waren die Straßen wie leergefegt. Jeder ging in Deckung, wo er konnte – in Kellern, Abwasserkanälen oder unter Brücken.

Drei Tage später fuhr man mich in den Dschungel, in die Gegend von Chantai, einem Marktflecken rund 30 Kilometer von der Hauptstadt entfernt. Soldaten bahnten uns mit der Machete einen Weg durch die dichte Vegetation. Mein Blick fiel auf ein Gebäude aus hellbraunen Ziegelsteinen, an das sich einige Bäume schmiegten: die Grabstätte von Ho Chi Minh. Sie war mit ihren sechzig Quadratmetern zwar kleiner, ansonsten aber eine getreue Nachbildung des Lenin-Mausoleums. Sie sah aus wie ein Spielzeug.

Man führte mich ins Innere. Vor mir standen eine Klimaanlage, eine Wanne, Gläser mit chemischen Reagenzien, kurz: alles, was ich zur Konservierung des Leichnams brauchte. Ich bewunderte den Einfallsreichtum der Vietnamesen, die es geschafft hatten, auf geheimen Wegen Wasserleitungen, Elektrizität und Telefon bis mitten in den Dschungel zu verlegen. Zehn Meter unter dem Mausoleum führte ein Gang zu einem Raum aus Beton. In diesen bombensicheren Keller brachte man den Toten bei Luftangriffen. Mit seinem feinen Bart und seinem weißen Anzug erweckte Ho Chi Minh unter seiner Glashaube den Eindruck eines reichen chinesischen Mandarins.

Vom Mausoleum führte ein langer gemauerter Gang, dessen Dach als Schutz gegen die amerikanischen Aufklärungsflugzeuge mit Zweigen bedeckt war, zu einer großen Terrasse, unterhalb derer sich die Unterkunft meiner Kollegen Sergej Debow und Juri Denissow-Nikolski befand.

Seit Ho Chi Minhs Tod im September 1969 hatten die Sowjets trotz des Krieges keine Anstrengungen gescheut, um den Partisanen der Vietminh alle nötige Hilfe zur Einbalsamierung ihres historischen Führers zukommen zu lassen. Man hatte eigens eine Gruppe von Wissenschaftlern aus dem Laboratorium des Lenin-Mausoleums vor Ort geschickt und alles erforderliche Material aus Moskau herangeschafft. Das Laboratorium, in dem der Leichnam konserviert werden sollte, war anfänglich auf dem Gelände eines Militärhospitals in der Nähe des Pasteur-Instituts von Hanoi eingerichtet worden. Doch als die Amerikaner ihre Bom-

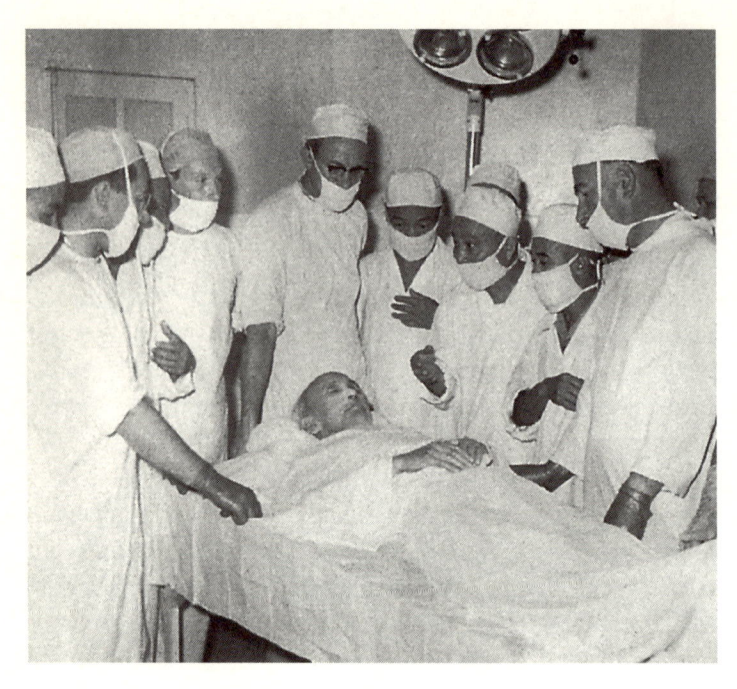

Das Wissenschaftlerteam des Mausoleumslaboratoriums am Leichnam von Ho Chi Minh.

benangriffe auf die Hauptstadt wiederaufnahmen, beschloß man, es in die Gegend von Chantai zu verlegen.

Im Frühjahr 1971 ereignete sich ungefähr anderthalb Kilometer vom Mausoleum entfernt ein unerwarteter Zwischenfall. Der Kommandant des geheimen Stützpunkts nahm im Beisein des stellvertretenden Chefs der Luftabwehr der Vietminh gerade den Tee, als wenige Meter entfernt ein amerikanischer Hubschrauber vorbeiflog, der mit weit offenstehenden Türen dem Roten Fluß folgte. Die GIs ließen ihre Beine herunterbaumeln, um sich ein bißchen frische Luft zu verschaffen. Wenig später überflogen weitere US-Hubschrauber den Fluß und landeten am gegenüberliegenden Ufer. Die Amerikaner waren auf der Suche nach Landsleuten, die vorübergehend in einem Lager in der Gegend untergebracht waren. Doch da man das Lager schon vor längerer Zeit aufgelöst hatte, mußten sie unverrichteter Dinge umkehren.

Nicht einen Moment lang ahnten die GIs die Anwesenheit feindlicher Soldaten in diesem Sektor. Die Generäle der Vietminh hingegen beschlossen umgehend, die Sicherheitsvorkehrungen im Umkreis des Mausoleums zu verstärken. Sie wußten, daß die Gefangennahme oder Vernichtung des als göttlich verehrten Leichnams die Moral ihrer Truppen untergraben hätte. ‚Wenn die Yankees ihn in die Finger bekommen', vertraute uns eines Tages ein General des Stützpunkts an, ‚sind wir bereit, ihn gegen sämtliche amerikanischen Kriegsgefangenen auszutauschen.' Dieser Sachverhalt war dem amerikanischen Geheimdienst nicht entgangen, und so verzehnfachte er seine Suchanstrengungen.

Als ich meine Tätigkeit am Stützpunkt aufnahm, waren dort nicht weniger als 100 Soldaten stationiert, die über ein Luftabwehrsystem mit erheblicher Feuerkraft verfügten. Das Haus, in dem wir untergebracht waren, wurde von drei Panzern geschützt. Jeden Morgen beobachteten wir, wie die Artilleristen ihre Granaten polierten. Wir hatten immer Angst, sie könnten aus Versehen einmal eine fallenlassen. Debow blickte zu seiner unangenehmen Überraschung eines Morgens beim Aufwachen gar in ein Kanonenrohr, das direkt auf das Fenster seines Zimmers gerichtet war. Über diesen Vorfall mußten wir viel lachen. Sicherer fühlten wir uns deswegen aber kaum. Hundert Meter vom Stützpunkt entfernt lag ein Hügel, der den amerikanischen Flugzeugen bei ihrem Anflug auf Hanoi als Landmarke diente. Der Lärm der Flugzeugturbinen war ohrenbetäubend, und wir lebten ständig in Angst vor Entdeckung.

Eines Tages besuchte uns ein Kollege, der einige Zeit in der Hauptstadt verbracht hatte. ‚Ah! Ihr habt hier wenigstens Ruhe', sagte er. ‚Im Gegensatz zu Hanoi, wo wir ununterbrochen durch Bombenangriffe gestört werden.' Er wollte gerade seinen Suppenlöffel zum Mund führen, als der Alarm ertönte. Er legte seinen Löffel wieder hin und versuchte es nach einem langen Augenblick der Ruhe von neuem. Und wieder wurde Alarm ausgelöst. Das ganze wiederholte sich viermal. Er aß seine Mahlzeit nicht auf: Die Suppe war inzwischen kalt geworden.

Im April 1972 eskalierten die Feindseligkeiten abermals. Das Dröhnen der Bombenangriffe rückte immer näher. Man beschloß, den Leichnam an einem sichereren Ort zu verstecken. Der Transport des wertvollen Objekts erfolgte mit einem Amphibienfahrzeug, das sich von der Strömung des Roten Flusses 15 Kilometer flußabwärts treiben ließ. Als sich das Fahrzeug wieder auf festem Boden befand, bahnte ihm eine Brigade von Soldaten mit Machete und Schaufel einen Weg, während andere Soldaten den Pfad dahinter wieder mit Dynamit sprengten, um keine Spuren zu hinterlassen.

Auf diese Weise gelangte der Leichnam schließlich zu einer Grotte von kolossalen Ausmaßen. Wie ich bei dieser Gelegenheit erfuhr, gibt es in Vietnam viele solche riesigen Höhlen, die mitunter zu Kathedralen ausgebaut wurden. Unsere war so hoch wie ein zehnstöckiges Gebäude und verfügte über dieselben Einrichtungen wie das Mausoleum im Dschungel: Wasserleitungen, Elektrizität, Klimaanlage, Labor, Unterkünfte für Wachen und Wissenschaftler.

Im Dezember 1972 wurde der Leichnam kurz nach der intensivsten Phase der Bombenangriffe erneut in seinem provisorischen Mausoleum untergebracht. Unterdessen baute man in Hanoi heimlich an einer Anlage, die schon bald als größtes Mausoleum der Welt bekannt werden sollte. Das Bauwerk, eine Art römischer Tempel von gigantischen Ausmaßen, wurde unmittelbar nach Unterzeichnung des Friedensabkommens fertiggestellt. Dieses höchste Gebäude der vietnamesischen Hauptstadt war eigens so entworfen, daß es vom Umland aus gut sichtbar ist.

Der Sarkophag befindet sich in einem riesigen weißen Saal im oberen Teil des Monuments, das mit einer leistungsstarken Klimaanlage ausgestattet ist. Aufgrund des großen Gefälles zwischen Innen- und Außentemperatur (16° bzw. 40°) rinnt es permanent wie Tränen von den Wänden. Am Fuß des Sockels befindet sich die Tribüne für die politische Führung. Ein duftender Garten mit tropischen Blumen und Zwergbäumen grenzt an den hinteren Teil des Gebäudes an. 27 Jahre nach seinem Tod liegt der Vietminh-Revolutionär noch immer in seinem Mausoleum am Badigne-Platz und wird in regelmäßigen Abständen von russischen Wissenschaftlern betreut."

Im Jahr 1979 wurde abermals ein politischer Führer einbalsamiert, der Staatschef Angolas Agostinho Neto. Dabei hatten unsere Wissenschaftler das heikle Problem zu lösen, wie sie die natürliche schwarze Hautfarbe des afrikanischen Staatschefs konservieren sollten. Nach dreimonatiger Forschungsarbeit entdeckten sie, daß sie der Lösung zu diesem Zweck nur ein Antioxydationsmittel der Lipiden hinzufügen mußten, um die Hautfarbe zu bewahren. Ein polemischer Schlagabtausch, der nicht ohne Komik war, entspann sich an der Frage der Brille. Einige angolanische Führungspersönlichkeiten meinten, Neto, der vor seinem Wirken als Revolutionär den Arztberuf ausübte, solle eine Brille tragen. Andere wandten dagegen ein, die durch die Brillengläser verursachten Lichtreflexe auf seiner ebenholzfarbenen Haut würden den Staatsmann entstellen. Schließlich rang man sich zu einem Kompromiß durch: Neto sollte ein Brillengestell ohne Gläser tragen.

Zur Zeit der Einbalsamierung herrschte in Angola Bürgerkrieg. Einige Gegner der „Arbeiterrepublik Angola" kappten die Stromversorgung der Klimaanlage. Der Leichnam drohte angesichts der hohen Außentemperaturen zu

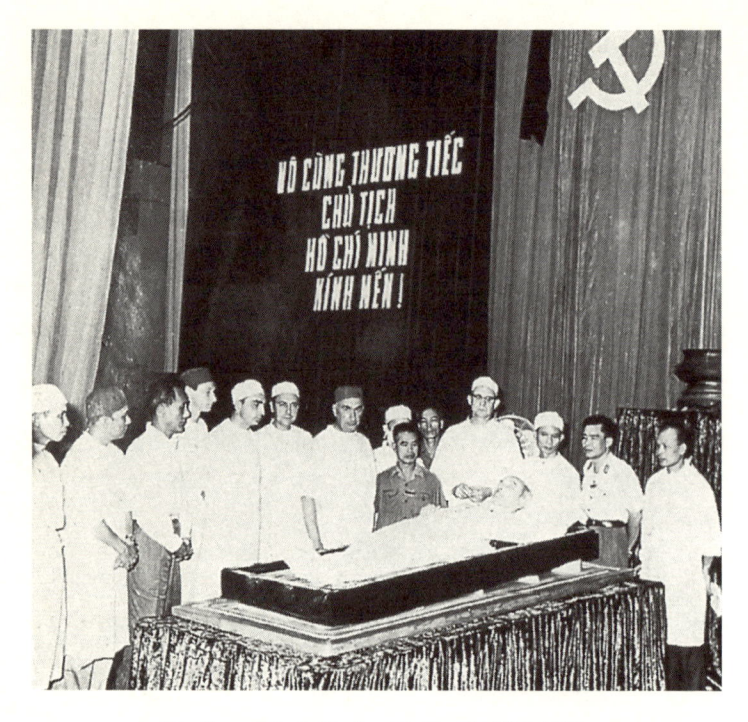

Die Trauerfeierlichkeiten für Ho Chi Minh 1969.

verwesen. Da kam ein energischer Volkskommissar auf die Idee, in einer benachbarten Speiseeisfabrik das gesamte Eis zu beschlagnahmen, um die Wartezeit bis zur Wiederherstellung der Stromversorgung zu überbrücken. Der Leichnam konnte gerade noch gerettet werden.

Ursprünglich war das Mausoleum Agostinho Netos als hochaufragender Turm geplant, den man vom Meer aus sehen sollte. Mit dem Bau waren sowjetische Arbeiter betraut; die Bauzeit wurde auf weniger als ein Jahr veranschlagt. Quadersteine und Marmor stahl man von den umliegenden Villen. Der Bau wurde jedoch aus Geldnot nie fertiggestellt. Die Öffentlichkeit durfte den Leichnam einmal im Jahr, am „Tag des Helden", in Augenschein nehmen. Nur

Netos Witwe, eine bekannte portugiesische Dichterin, hatte die Erlaubnis, ihren verstorbenen Ehemann jederzeit zu besuchen.

Der einbalsamierte Leichnam von Lindon Forbes Burnham, Präsident der Kooperativen Republik Guayana, gestorben 1985.

Dreizehn Jahre lang lag Neto in seinem Mausoleum. Im Dezember 1992 beschloß die angolanische Regierung schließlich, den Leichnam zu bestatten, wie es auch Netos Witwe wünschte.

Als nächstes war 1985 der Präsident der Kooperativen Republik Guayana, Lindon Forbes Burnham, an der Reihe. Da Guayana schwer zugänglich war – es gab keine direkte Flugverbindung zwischen Moskau und Georgetown –, trafen unsere Wissenschaftler erst zwei Wochen nach dem Tod des Staatsmanns ein. Der Leichnam wies bereits deutliche Zeichen der Verwesung auf. Zusätzlich kompliziert wurde die Aufgabe der sowjetischen Experten dadurch, daß im Gesicht, bedingt durch eine Hautkrankheit, depigmentierte Flecken aufgetreten waren. Aus all diesen Gründen nahmen die Konservierungsarbeiten, die in Moskau durchgeführt wurden, mehr als neun Monate in Anspruch.

Anschließend wurde der Leichnam wieder nach Georgetown überführt. Am ersten Todestag sollten die sterblichen Überreste Burnhams in einer Plexiglaskapsel im Zentrum des kreuzförmigen Mausoleums ausgestellt werden, das ein amerikanischer Architekt entworfen hatte. Doch das Außenministerium der Vereinigten Staaten entschied anders. Das politische Regime Guayanas hatte sich seit Burnhams Tod gewandelt. Die Vereinigten Staaten drohten ihre Wirtschaftshilfe einzustellen, falls die guayanische Regierung an ihrem Beschluß festhielt, die sterblichen Überreste des südamerikanischen sozialistischen Führers öffentlich auszustellen. Die US-Regierung konnte den Gedanken nicht ertragen, daß ein aus der Sowjetunion stammendes Ritual in Lateinamerika, in ihrem eigenen Hinterhof, praktiziert werden sollte. So beschloß man, den guayanischen Staatspräsidenten im Anschluß an die prunkvollen Trauerfeierlichkeiten im Sockel des Sarkophags einzumauern. In welchem Zustand er sich derzeit befindet, entzieht sich meiner Kenntnis. Das Plexiglasgehäuse wird den Zersetzungsprozeß wohl ein wenig verzögert haben.

Alle kommunistischen Staatsoberhäupter wurden also von sowjetischen Wissenschaftlern einbalsamiert, mit einer Ausnahme: Mao Tse-tung. Die chinesischen Wissenschaftler fanden selbständig Mittel und Wege, die sterblichen Überreste des Großen Wagenlenkers zu konservieren. Nach regelmäßigen Informationen der westlichen Presse soll sich die Mumie im Zustand fortgeschrittener Verwesung befinden. Festzuhalten bleibt, daß die Einbalsamierung verstorbener Kaiser in China eine lange Tradition hat.

Abschließend möchte ich zur Internationalisierung der

Einbalsamierungspraxis nach dem Zweiten Weltkrieg noch folgendes anmerken: Die dauerhafte Konservierung eines verstorbenen Staatschefs wurde stets auf Ersuchen der betreffenden Regierung vorgenommen. In keinem Fall handelte es sich um ein Diktat aus Moskau. Die Staatsführung der sozialistischen Bruderländer, die die Dienste des Mausoleumslaboratoriums in Anspruch nahmen, verfolgten damit in der Regel einen doppelten Zweck: Sie wollten die Legitimität des Regimes festigen und dem großen Bruder Sowjetunion einen Gefallen erweisen. Ausnahmslos alle einbalsamierten Staatschefs veranstalteten als Diktatoren bereits zu ihren Lebzeiten einen Personenkult um sich.

Des weiteren wäre festzuhalten, daß es im westlichen Kulturkreis nur einen Fall von Einbalsamierung gab: Klement Gottwald. Doch schon 1956 wurde der Leichnam auf die Gefahr hin, die Moskauer Staatsführung zu verärgern, eingeäschert. Ich kann nicht umhin, daraus den Schluß zu ziehen, daß das Einbalsamieren nicht den Gebräuchen zivilisierter Länder entspricht. Ich bin mir bewußt, daß ich mir mit dieser Hypothese den Zorn meiner Kollegen am Museumslaboratorium zuziehen werde, deren Arbeit trotz alledem von unleugbarem wissenschaftlichen Wert bleibt.

13. Die Einbalsamierer der Mafia

Ich bin jetzt 84 Jahre alt. Vier Fünftel meines Lebens habe ich wie die überwiegende Mehrheit meiner Mitbürger unter dem unmenschlichen politischen Regime gelitten, das Stalin und seine Nachfolger uns aufzwangen. Während all dieser Jahre habe ich die Lügen der Partei über die „strahlende Zukunft des Kommunismus", die Verhaftungen und Massenhinrichtungen niemals vergessen können.

Über zehn Jahre sind nun vergangen, seit Michail Gorbatschow die Demokratisierung unseres Landes auf den Weg brachte und die Freiheitsrechte des Individuums, die Presse- und Religionsfreiheit Wirklichkeit wurden. Mehr als jeder andere genieße ich die uns heute gegebene Möglichkeit, ohne Angst vor Verhaftung frei zu atmen und in der Welt umherzureisen, wozu man freilich die erforderlichen Mittel benötigt.

Professor Zbarski an seinem Schreibtisch, umgeben von Bildmaterial zur Geschichte des Mausoleums.

Denn dies ist die Kehrseite der Medaille des „neuen Rußland". An die Stelle der Berliner Mauer, die Ost und West symbolisch wie konkret voneinander trennte, ist die Mauer des Geldes getreten. Seit im Januar 1992 die liberalen Wirtschaftsreformen begannen, die zu einer Hyperinflation und einem dramatischen Wertverfall des Rubel gegenüber dem Dollar führten, hat die Armut in unserer Bevölkerung erheblich zugenommen. Allein im Wissenschaftsbereich sind die Staatsausgaben seit 1991 auf ein Zwanzigstel gesunken. Unsere Wissenschaftler, die hohes gesellschaftliches Ansehen genossen und entsprechende Gehälter bezogen, verdienen derzeit weniger als hundert Dollar im Monat und müssen anderweitig Geschäfte machen, um zu überleben. Die Jüngsten und Begabtesten wandern aus. Wer bleibt, hat jeden Glauben an die Wissenschaft verloren, vor allem weil es an leistungsstarken Forschungsapparaturen fehlt.

Das Mausoleumslaboratorium blieb von dieser Entwicklung nicht verschont. Der Staat, der vor 1991 sämtliche Ausgaben finanzierte, kommt heute nur noch für 20 Prozent des Budgets auf. Unter diesen Umständen sah sich das Laboratorium gezwungen, nach anderen Finanzquellen Ausschau zu halten, um sein Überleben zu sichern.

Da kam der Bürgermeister von Moskau, Juri Lushkow, dem der beklagenswerte Zustand des vom kommunistischen Regime geerbten Bestattungswesens Sorgen bereitete, auf die Idee, die Mitarbeiter des Mausoleums sollten doch ein Privatunternehmen namens *Ritual Service* gründen, um dem Mausoleumslaboratorium Einbalsamierungsaufträge von „Neureichen" zu beschaffen.

Angesichts der rasant ansteigenden Kriminalität – 25 000 Morde allein im Jahr 1996 – kam der Vorschlag wie gerufen. Die Aufträge, durchschnittlich vier im Monat, ließen nicht auf sich warten.

Ein derzeit am Laboratorium beschäftigter Wissenschaftler erzählte mir, wie die Auftragsabwicklung vonstatten geht: Zunächst setzt sich der Verkaufsleiter von *Ritual Service* mit den Angehörigen des ermordeten Neureichen zusammen und bespricht mit ihnen, welche Arbeiten am Leichnam vorgenommen werden sollen: Wiederherstellung der ursprünglichen Hautfarbe an Händen und Gesicht, Beweglichkeit von Armen und Hals. Jeder Operationspunkt wird mit einer Zahl zwischen eins und sechs bewertet. Anhand dieser Angaben kann man sich offenbar ein recht genaues Bild davon machen, welche Geldmittel dem Kunden zur Verfügung stehen. Der Preis schwankt zwischen 1500 US-Dollar für einen Arbeitstag (wenn der Kopf zum Beispiel nicht völlig zerschossen wurde) bis zu 10 000 US-Dollar für eine gute Woche (wenn die Leiche von einer Bombe zerfetzt wurde und wieder zusammengeflickt werden muß).

Anschließend holen die Einbalsamierer des Mausoleums den „Kunden" in der Leichenhalle ab. Wie man mir erzählte, ließ sich ein russischer Mafioso eines Tages vor einem seiner erschossenen Freunde auf die Knie nieder und leckte ihm zum Beweis seiner innigen Liebe die Wunden. Beim Anblick dieses erbaulichen Schauspiels fiel eine junge Angestellte der Leichenhalle, die doch schon eine Menge Leichen zu Gesicht bekommen hatte, in Ohnmacht.

Anschließend werden die sterblichen Überreste des Neureichen ins Mausoleumslaboratorium transportiert, wo man sie auf denselben Tisch aus dickem grauem Marmor legt, auf dem schon Stalin einbalsamiert wurde.

Die Wissenschaftler, denen die Identität des Toten unbekannt bleibt, spritzen acht Liter „Balsam" in die Arterien und massieren die Gliedmaßen, damit sich die Flüssigkeit besser verteilt. Innerhalb von wenigen Sekunden wechselt die Farbe der Hände von blau zu elfenbeinweiß.

Wenn das Gesicht stark in Mitleidenschaft gezogen ist, wird es anhand von Fotos wiederhergestellt. In diesem Fall nimmt man Haut- und Knochenstücke von anderen Körperteilen zu Hilfe. Als nächstes betritt eine Wissenschaftlerin, die ‚Kosmetikerin' des Labors, den Raum, einen Schminkkasten in der Hand. Sie hat die Aufgabe, den Toten wieder in all seiner Jugendlichkeit erstrahlen zu lassen. Sie trägt Schminke und Lippenstift auf. Alle Blutergüsse, die sich zum Zeitpunkt der Ermordung gebildet haben, müssen verschwinden. Danach legt man ein weißes Tüchlein auf die Stirn des Toten. Hier werden ihn seine Angehörigen und Freunde ein letztes Mal küssen.

Halten wir fest, daß diese Art der Einbalsamierung wenig mit der dauerhaften Konservierung eines Leichnams gemein hat. Der Tote wird nicht, wie Lenin, in ein spezielles Bad getaucht, sondern nur für den Tag der Begräbnisfeierlichkeiten „hergerichtet".

Um die Wirksamkeit der Konservierungslösung zu überprüfen, verfiel *Ritual Service* eines Tages auf die Idee, einen seiner „Kunden" neun Monate nach der Einbalsamierung zu exhumieren. Man fand ihn offenbar in demselben Zustand vor wie am Tag seines Ablebens.

Das Unternehmen *Ritual Service* versorgt unsere Neureichen auch mit Luxussärgen. Der Preis schwankt zwischen 5000 Dollar für einen Holzsarg *made in USA* und 20 000 Dollar für eine russische Version aus Kristallglas. Das meistverkaufte Modell ist der „Al Capone". Der Name der achteckigen, kreuzförmigen Ausführung kam auf, als jemand auf einer Videokassette des Films „Der Pate" einen ähnlichen Sarg sah. Einbalsamierung und Luxussarg bilden jedoch nur den bescheideneren Teil der Gesamtkosten, die das Begräbnis eines im Kugelhagel gefallenen Gangsters verursacht.

Doch bevor ich etwas näher auf die Bestattungsriten der russischen Mafia eingehe, möchte ich daran erinnern, daß sich die Mafia vor allem in Jekaterinburg, der Hauptstadt des Ural, ausbreiten konnte. Seit nunmehr sechs Jahren ist Jekaterinburg Schauplatz eines blutigen Mafiakriegs. Zwei

Gruppen – die *Centralnije* (Stadtzentrum) und die *Uralmasch*, benannt nach dem am nördlichen Stadtrand angesiedelten größten Eisenhüttenkomplex des Landes – liefern sich einen tödlichen Kampf um die Kontrolle des regionalen Handels und der illegalen Ausfuhr von Metallen und Edelsteinen aus dem Uralgebirge – ein milliardenschweres Dollargeschäft. Wie mir ein örtlicher Beauftragter des Kampfs gegen das organisierte Verbrechen mitteilte, haben die *Centralnije* und die *Uralmasch* bei diesen bewaffneten Auseinandersetzungen bereits fünf beziehungsweise sieben Anführer verloren.

Dabei handelt es sich keineswegs um einen lokal begrenzten Krieg zweier „Familien". Beide Gruppen sind in ganz Rußland und über die Landesgrenzen hinaus aktiv. *Uralmasch* zum Beispiel „beschützt" den Importmarkt für Automobile in Wladiwostok, den Frachtverkehr des internationalen Flughafens von Moskau und kontrolliert Banken, die auch auf der Londoner Metallbörse operieren. Mit einem eigenen Finanzsystem und mehr als tausend aktiven Mitgliedern allein in der Region Ural ist *Uralmasch* nach Moskauer Polizeiberichten die mächtigste Mafiaverbindung Rußlands.

Wenn *Uralmasch* oder *Centralnije* einen Paten verlieren, bereiten sie ihm ein Begräbnis, das eines Staatschefs würdig wäre. Wie man mir erzählte, war die Bestattung von Oleg Wagin, dem Paten von *Centralnije,* bei weitem die prunkvollste, die die Stadt je erlebt hatte. Am Tag nach seiner Ermordung wurden seine sterblichen Überreste sowie die seiner drei Leibwachen im großen Saal des von ihm geleiteten Kasinos aufgebahrt. Anschließend trug man ihre Särge auf der Schulter drei Kilometer weit durch die Stadt. Zehn Polizeiwagen sperrten die Innenstadt für den Trauerzug ab – ein Privileg, das eigentlich nur den höchsten Regierungsbeamten zusteht.

Nach der Messe, die der angesehenste Archimandrit der

Stadt liest, müssen die Vertreter aller Clans den Toten küssen. Wehe dem, der hierbei fehlt! Abwesenheit wird unmittelbar als Schuldgeständnis gedeutet.

Im Fall der Ermordung von Oleg Wagin waren alle Männer von *Centralnije* überzeugt, daß der Anschlag auf das Konto von *Uralmasch* gehe. Daß Constantin Ziganow, der Pate von *Uralmasch,* in der Kirche fehlte, konnte sie in ihrem Verdacht nur bestärken. Immerhin ließ sich Ziganow, von zehn seiner Leibwachen umgeben, auf dem Friedhof blikken. Alle sahen ihn haßerfüllt an. Dennoch gelang es ihm, Wagins Gesicht zu küssen, kurz bevor der Sarg hinabgelassen wurde.

Während Erdklumpen dumpf auf den Sarg prallen, werfen Angehörige und Freunde Geldscheine hinterher, damit der Verstorbene im Jenseits ja nicht mittellos dasteht. Anschließend sind alle Anwesenden zum Leichenschmaus geladen. Bei Wagins Begräbnis war beispielsweise für mehrere tausend Personen gedeckt. Köstliche Speisen und erlesene Weine wurden gereicht. Plötzlich war jeder in der Stadt irgendwie mit Wagin befreundet.

Sobald unser Mafioso sechs Fuß unter der Erde liegt, sammeln Angehörige und Freunde Geld für den Grabstein. Auf einem Friedhof im Norden der Stadt haben die Männer von *Uralmasch* einen beeindruckenden Wald aus schwarzen Grabstelen errichten lassen. In Lebensgröße in den Stein gemeißelt, sind die toten Mafiosi darauf in einer Alltagssituation verewigt: Sie tragen einen Adidas-Trainingsanzug, die obligatorische Kleidung des russischen Mafioso, oder eine Lederjacke und scheinen den vorbeigehenden gewöhnlichen Sterblichen, die Schirmmütze oder einen Beutel in der Hand, mit spöttischen Blicken zu verfolgen. Diese Grabsteine kosten pro Stück mindestens 17 000 Mark und sind damit nicht gerade für jeden erschwinglich, wenn man bedenkt, daß das durchschnittliche Monatseinkommen in Rußland bei 250 Mark liegt.

Auf einem anderen Friedhof von Jekaterinburg liegt Michail Kutschin, ein Pate der *Centralnije*. Sein Grabstein zeigt ihn im Croisé-Anzug mit breitem Revers, das Haar kurzgeschoren, in der Hand den Mercedes-Schlüssel. Das Mausoleum aus Malachit und *smejewik* (ein Halbedelstein aus dem Uralgebirge) soll die Familie und Freunde des Gangsters die Kleinigkeit von 64 000 Dollar gekostet haben.

Den Rekord in Sachen Grabmalkosten hält jedoch Wagit Alekperow, derzeit Direktor der größten russischen Erdölgesellschaft Lukoil. Der Erdölbaron machte 250 000 Dollar locker, um sich noch zu Lebzeiten ein Mausoleum aus Malachit errichten zu lassen, das an eine Miniaturausgabe des Tadsch Mahal erinnert.

Als letzter Ritus sei erwähnt, daß sich die Angehörigen und Freunde am Geburts- und Todestag des Verstorbenen zu einem Schlemmermahl am Grab versammeln. Niemand tischt dabei so pompös auf wie die Familie von Michail Kutschin, der Mann mit den Mercedes-Schlüsseln.

Neben dem Grab ihres verstorbenen Ehemanns hatte Nadeshda Kutschina auf einem Tisch aus grünem Marmor ein prunkvolles Büffet mit tropischen Früchten, Stör, Kaviar, Spanferkeln, Kuchen und gigantischen Wodka-Flaschen anrichten lassen – die Reste eines 10 000 Dollar-Banketts, zu dem am Vortag die Crème von *Centralnije* geladen war. Nachdem die Gäste beeindruckende Blumenkränze am Grab niedergelegt hatten, schlugen sie sich den Bauch voll und tranken auf das Wohl des Toten. „Dieses Grab sollte deshalb so schön sein", erklärte Nadeshda Kutschina einmal, „damit die Auftraggeber der Ermordung meines Mannes vor Neid erblassen."

Die Erweiterung des Aufgabenbereichs des Mausoleumslaboratoriums auf die Einbalsamierung von Mafiosi scheint mir symptomatisch zu sein für die Machtverschiebung, die in Rußland in den letzten Jahren zu verzeichnen war. Heute lassen sich nicht mehr die politischen Führer einbalsamieren, sondern die Herren der Ökonomie. Im Zuge des plötzlichen Übergangs zur Marktwirtschaft haben junge Männer, die im Durchschnitt nicht älter als fünfunddreißig sind, größtenteils mit Gewalt weite Bereiche des Handels und der Industrie unter ihre Kontrolle gebracht. Nun fallen sie ihrerseits der brutalen Gesellschaft zum Opfer, die sie mit herbeigeführt haben, und sterben inmitten von Reichtümern, an denen sie vielfach auch ihre Verwandten und Freunde teilhaben ließen. Kein Wunder also, daß diese, um ihrer ewigen Dankbarkeit Ausdruck zu verleihen, es sich nicht nehmen lassen, ihren Paten ein Begräbnis zu bescheren, das eines Königs würdig wäre.

Aber die prunkvolle Ausstattung der Gräber verfolgt auch einen äußeren Zweck. Die Familien der Mafia wollen damit den Feind (rivalisierende Gangs, Polizei und öffentliche Meinung) herausfordern und ihm klarmachen, daß der Verlust eines Mitglieds den Klan in keiner Weise schwächt, sondern eher noch stärkt. Es hat also den Anschein, daß das Einbalsamieren und der Bau von Mausoleen im Rußland des 20. Jahrhunderts ungeachtet der Staatsform ebensosehr eine Ehrenerweisung an den Toten wie eine Machtdemonstration an die Adresse der Lebenden darstellen. So verbanden Stalin und seine Verbündeten mit der Konservierung von Lenins Leichnam und der Errichtung des Mausoleums auf dem Roten Platz nicht nur die Absicht, Lenin als welthistorische Persönlichkeit darzustellen, sondern auch sein Gedankengebäude zu versinnbildlichen, das ihn überleben und zur Grundlage des politischen Lebens in der Sowjetunion werden sollte.

Angesichts der neueren Aktivitäten des Laboratoriums bildet die 1995 vorgenommene Einbalsamierung des kommunistischen Diktators von Nordkorea, Kim Il Sung, eher eine Ausnahme. Die auf eine Million Dollar geschätzten Kosten der Operation, die vollständig von Nordkorea getragen wurden, sollen das Laboratorium vor dem sicheren Bankrott bewahrt haben. Denn die Gelder aus dem mysteriösen „sozialen Hilfsfonds", den die neue kommunistische Partei der russischen Föderation ins Leben gerufen hat, hätten bestimmt nicht gereicht, um die Funktionstüchtigkeit dieser schwerfälligen Maschinerie zu sichern. Indes beweist diese Finanzhilfe, wie sehr sich die russischen Kommunisten noch immer dem Leichnam ihres geistigen Führers verbunden fühlen.

Seit 1992 werden im demokratischen Lager allerdings Stimmen laut, die eine Bestattung Lenins fordern. Anatoli Sobtschak, ehemaliger Bürgermeister von Sankt Petersburg, hat sogar vorgeschlagen, Lenin neben seiner Mutter auf dem Wolkow-Friedhof seiner Heimatstadt beizusetzen. Manche Historiker erinnern daran, daß sich auch die Lenin-Witwe Nadeshda Krupskaja gegen die Einbalsamierung ihres Mannes ausgesprochen hatte. Dafür gebe es keinerlei schriftliche Belege, entgegnen die Kommunisten. Es sei verbrecherisch, die Vergangenheit vom Tisch zu wischen, indem man von heute auf morgen ein von Millionen Russen verehrtes Symbol abschaffe. Auch die orthodoxe Kirche mußte ihren Senf dazugeben. Der Patriarch von Moskau, Alexis II., erklärte gar, daß, wenn man Lenin nicht begräbt, „seine bösartige Seele weiterhin über unserem Land schweben und ihm größtes Unheil bringen wird".

Am 6. Oktober 1993, ungefähr zwei Tage nach dem gescheiterten Putschversuch von Kommunisten und Nationalisten, faßte Boris Jelzin plötzlich den Entschluß, die Mausoleumswache abzuschaffen. Sogleich ging das Gerücht um, die Bestattung von Lenins Leichnam stünde unmittelbar bevor. Wie der Kreml verlautbaren ließ, sollte diese Frage innerhalb der nächsten sechs Monate entschieden werden. Die russische und westliche Sensationspresse nahm die Gelegenheit wahr und verkündete, der Leichnam sei eine Fälschung. Das auflagenstarke Wochenblatt *Argumenty i fakty* (Argumente und Tatsachen) sog sich gar eine ganze Geschichte aus den Fingern: „Während des Transports nach Tjumen Anfang Juli", steht da zu lesen, „begann Lenins Leichnam zu schimmeln. Ein Fachmann wollte den Schimmel schnellstmöglich mit kochendem Wasser beseitigen. Dies gelang ihm auch, doch nach einer Viertelstunde bildeten sich überall Blasen, so daß der Leichnam schnell verweste. Nur Hände und Gesicht konnten gerettet werden."[1]

Als Mitglied der Wissenschaftlergruppe, die zwischen 1934 und 1952 mit der Konservierung der sterblichen Überreste Lenins betraut war, kann ich mich über solch dummes Geschwätz nur empören. Ich bin heute der einzige Überlebende dieser Gruppe und fühle mich gegenüber meinen Mitarbeitern verpflichtet, daran zu erinnern, daß sich der Leichnam zumindest bis 1952 in einem hervorragenden Zustand befand und daß wir nie auf die Idee gekommen wären, „die Leiche zur Säuberung abzubrühen". Ebensowenig entsprach es den Gewohnheiten des Laboratoriums, die wissenschaftliche Betreuung des Leichnams einem „wenig qualifizierten" Mitarbeiter zu überlassen. Ich bedaure, daß sich der Verfasser dieses Artikels nicht die Mühe gemacht hat, Erkundigungen bei mir einzuholen, zumal seine „Information" von namhaften westlichen Presseorganen ungeprüft aufgegriffen wurde.

Im März 1997 ließ Boris Jelzin verlautbaren, man wolle „in naher Zukunft" ein Referendum über das weitere Schicksal des Leichnams abhalten. Wie Jelzin bei dieser Gelegenheit erklärte, halte er persönlich es für richtig, Lenin neben seiner Mutter in Sankt Petersburg zu beerdigen, „wie er es selbst gewünscht hatte". Jelzins Erklärung löste in der Staatsduma, dem mehrheitlich von Kommunisten beherrschten Unterhaus des russischen Parlaments, natürlich heftigen Protest aus. Die kommunistischen Abgeordneten beeilten sich denn auch, ein Gesetz durchzubringen, das jede noch so geringfügige Veränderung des Roten Platzes für rechtswidrig erklärt. Zur Stützung ihrer Resolution berufen sie sich darauf, daß die UNESCO das Lenin-Mausoleum zum „Weltkulturerbe" erklärt hat.

Dieser Meinungsstreit an der Staatsspitze spiegelt sich zum Teil auch in der öffentlichen Meinung wider. Nach einer im Frühjahr 1997 veröffentlichten Umfrage sprachen sich 48 Prozent der Russen für eine Beisetzung aus, 38 Prozent waren dagegen, und die übrigen Befragten hatten dazu keine Meinung.

Wie dem auch sei, die Diskussion über das weitere Schicksal des Leichnams wird das politische Leben Rußlands noch lange Zeit vergiften. Wahrscheinlich muß erst die Generation der Altkommunisten aussterben, bevor man sich endgültig zur Bestattung Lenins durchringen kann.

Ich persönlich ziehe aus meiner achtzehnjährigen Tätigkeit am Mausoleum zwei Lehren:

1. Aufgrund unserer geographischen Nähe zum Machtzentrum hätten mein Vater und ich durchaus von den stalinistischen Säuberungen hinweggefegt werden können. Wahrscheinlich verdankten wir unser Überleben lediglich dem Mangel an qualifiziertem Personal, das sich mit der Technik der Konservierung auskannte. Denn vor dem Krieg beherrschten nur vier Personen dieses Verfahren. Als Worobjow 1937 starb, waren es nur noch drei. Hätte man einen von uns liquidiert, hätte man Lenins Leichnam, das symbolische Zentrum der Sowjetmacht, in Gefahr gebracht. Die Verhaftung meines Vaters und meine Entlassung im Jahr 1952 führten uns schlagartig vor Augen, daß auch wir vor den Säuberungsaktionen nicht mehr sicher waren. Das Laboratorium war materiell und personell inzwischen gut ausgestattet. Wir waren sozusagen nicht mehr „unersetzbar".

2. Daß die Konservierung von Lenins Leichtum eine wissenschaftliche Leistung ohnegleichen darstellt, hindert mich nicht, die Einbalsamierung Toter als unzeitgemäße,

barbarische, der Kultur der westlichen Gesellschaften jedenfalls fremde Praxis zu betrachten.

Trotz der Privilegien, die ich in jenen Jahren im Schatten und im Schutz des Mausoleums genoß – hohes Gehalt, moderne wissenschaftliche Geräte, seltene Reagenzien, reichhaltige wissenschaftliche Literatur usw. –, halte ich es als Bürger für angebracht, Lenin zu beerdigen.

Moskau, 10. Juli 1997

ANMERKUNGEN

1. Lenins Krankheit und Tod

* In Wirklichkeit handelt es sich um einige Notizen, die er zwischen dem 23. und 31. Dezember 1923 seinem Sekretär diktierte, sowie einer Nachbemerkung vom 4. Januar 1924 (Anm. d. frz. Verlags).
1 B. V. Petrowski, „Die Verletzung und die Krankheit von W. I. Lenin" in: *Vestnik an SSSR* 2(1991), S. 114–130 (russisch).
2 Hélène Carrère d'Encausse, *Lénine, la révolution et le pouvoir*, Paris 1979.
3 „Lenins Testament" in: Otto Baumhauer, *UdSSR, Geschichte und Entwicklung der Sowjetunion. Ein Leitfaden*, Bremen 1965, S. 229.
4 „Lenins Testament", S. 230f.
5 V. P. Ossipow in: *Ogoniok* 4 (1990), S. 4–8.
6 N. V. Walentinow-Wolski, *Neue Ökonomische Politik und die Krise der Partei nach Lenins Tod*, Stanford 1971 (russisch).
7 Russisches Zentrum für die Archivierung und das Studium von Dokumenten der Zeitgeschichte,Bestand 16, Inventar (Inv.) 2s, Archiveinheit (Arch.) 42, Blatt (Bl.) 18.

2. Vorgeschichte des Mausoleums

* J. Lopuchin, *Krankheit, Tod und Einbalsamierung von Lenin*, Moskau 1997 (russisch).
1 *Prawda*, 29. Januar 1924.
2 Russisches Zentrum für die Archivierung und das Studium von Dokumenten der Zeitgeschichte, Bestand 16, Inv. 2s, Arch. 49.

3 *Iswestija,* 26. Januar 1924.
4 Russisches Zentrum für die Archivierung und das Studium von Dokumenten der Zeitgeschichte, Bestand 16, Inv. 2s, Arch. 45, Bl. 1–2.
5 Ebd., Bestand 16, Inv. 2s, Arch. 47, Bl. 1–3 u. 5.
6 *Kommunist* (Charkow), 26. Januar 1924.
7 Ebd., Bestand 16, Inv. 2s, Arch. 51, Bl. 2.
8 Russisches Zentrum (...), Bestand 16, Inv. 2s, Arch. 54, Bl. 2.
9 Ebd., Bestand 16, Inv. 2s, Arch. 52, Bl. 103–121.
10 Ebd., Bestand 16, Inv. 2s, Arch. 51, Bl. 14 u. Arch. 52, Bl. 122–140.
11 Ebd., Bestand 16, Inv. 2s, Arch. 54, Bl. 3.
12 Ebd., Bestand 16, Inv. 2s, Arch. 54, Bl. 6 u. 9.
13 Ebd., Bestand 16, Inv. 2s, Arch. 51, Bl. 16; *Prawda,* 25. März 1924.

4. Meine Schuljahre

* Die größte Kirche Moskaus wurde von Stalin zerstört und nach 1996 wiederaufgebaut.

5. Meine Universitätsjahre

* *Subbota* bedeutet im Russischen *Samstag.* Doch da unter dem kommunistischen Regime auch an diesem Tag gearbeitet wurde, nannten die Machthaber den Sonntag, an dem freiwillige, unbezahlte Arbeit zu leisten war, *Subbotnik.*

6. Meine erste Zeit am Mausoleum

1 Russisches Zentrum für die Archivierung und das Studium von Dokumenten der Zeitgeschichte, Bestand 16, Inv. 2s, Arch. 57, Bl. 45.
2 Boris Iljitsch Zbarksi, *Das Lenin-Mausoleum,* Moskau 1944 (russisch).

7. Die Jahre des Terrors

* Der Attentatsversuch von Mitrofan Nikitin war der erste einer langen Reihe von Anschlägen auf Lenins Leichnam. Die Archive der Kreml-Wache, die dem Mausoleum als Aufsichtsbehörde übergeordnet ist, verzeichnen insgesamt nicht weniger als sieben:

20. März 1959. Ein Mann schleudert einen Hammer mit einem eisernen Stil gegen den Sarkophag und zerschlägt damit die Glashaube. Sein Name ist unbekannt. Ebensowenig weiß man, was mit ihm geschah. Ich erinnere mich, daß mir mein Vater eine ähnliche Geschichte erzählte, die sich aber 1939 ereignete. Vielleicht handelt es sich um dasselbe Attentat, vielleicht auch um ein anderes.

14. Juli 1960. Ein gewisser K. Michailow überspringt die Sicherheitsabsperrung um den Sarkophag und zerschlägt das Glas mit einem energischen Fußtritt. Einzelne Glassplitter fallen auf Gesicht und Hände des Leichnams. An mehreren Stellen, auch an der rechten Augenbraue, war der Leichnam beschädigt. Das Mausoleum blieb wegen Reparaturarbeiten bis zum 15. Oktober geschlossen. Infolge dieses Anschlags versah man den Sarkophag mit Panzerglas.

1. September 1973. Ein Mann schmuggelt unter seinem Mantel Sprengstoff ins Mausoleum. Die Bombe explodiert in unmittelbarer Nähe des Sarkophags. Ein Be-

sucherehepaar aus Astrachan kommt ums Leben, vier Schüler erleiden Verletzungen. Der Leichnam Lenins bleibt unbeschädigt. Der Attentäter wird zu zehn Jahren Haft verurteilt.

1. November 1987. Nach dem Augenzeugenbericht des damaligen Mausoleumskommandanten V. Kamennych warf ein Unbekannter einen Molotow-Cocktail auf den Sarkophag. Der Brandsatz zündete jedoch nicht.

28. April 1990. Nach einem erneuten Brandanschlag mit einem Molotow-Cocktail konnte das Feuer rasch gelöscht werden.

1995. Ein Unbekannter schleudert ein eisernes Zahnrad gegen den Sarkophag, ohne Schaden anzurichten. Nach einer medizinischen Untersuchung wird der Attentäter für verrückt erklärt.

9. Berlin 1945

1   A. S. Abramow, *Mawzolej Lenina,* Moskau 1972, S. 44 f.

10. Die Diktatur der Partei in der Wissenschaft

1   Nina N. Klyuyeva, Grigory I. Roskin, *Biotherapy of Malignant Tumours,* Oxford 1963.

11. Die Verhaftung meines Vaters

*   Seine Leiter wurden später verurteilt und erschossen.

13. Die Einbalsamierer der Mafia

1   *Argumenty i Fakty* 40 (573), Oktober 1991.

Abbildungsnachweise

Moscoop: Seite 11f., 17, 20–23, 88–93, 106, 138f., 169f., 179, 182, 186, 190f.

Ilya Zbarski: Seite 27f., 38, 41, 44, 46, 52, 58, 67, 69, 99, 120, 125, 142, 146, 160, 194

Farbbilder

Moscoop: Abbildung 1, 2, 3, 4, 8, 10

Schason Eskenasi, Moscoop-MAX PP: Abbildung 5, 6, 7, 9

Evgeni Kondakow, Moscoop-MAX PP: Abbildung 11, 12, 13, 14, 15, 16, 17

Nigel Barley:
Tanz ums Grab
Aus dem Englischen von Ulrich Enderwitz
308 Seiten, mit Abbildungen, gebunden
ISBN 3-608-91811-6

Was fällt uns zum Tod ein? Er gehöre nicht zum Leben, meinte Wittgenstein. Wer sich in der Welt so gut auskennt wie Nigel Barley, der wird das ein wenig anders sehen. Denn der Tanz, den die Lebenden um den Tod und die Toten aufführen, spricht dafür, daß Tod und Leben eine an Turbulenzen und Spannungen reiche Beziehung eingegangen sind.

Barley hat tausendundeine Geschichten über den Tod gesammelt und die Phantasien, Mythen, Rituale, Vorschriften auf Gemeinsamkeiten hin befragt. Der Tod ist universal, doch wie die Lebenden mit den Verstorbenen umgehen, welchen Ort also der Tod im Leben hat, dies ist von Kultur zu Kultur verschieden. Unsere Antwort auf den Tod ist die Lebensversicherung. Daß wir damit nicht ausreichend gut beraten sind, wird jedem nach dem Rundgang durch Nigel Barleys Totenreich klar sein.

Da am Tod kein Leben vorbeiführt, auch wenn wir davor die Augen fest verschließen, ist es hilfreich, sich umzusehen und herauszufinden, wie das große dicke Ende in anderen Kulturen verkraftet wird. Dann wird man auch feststellen, daß dem Tod mit Todesernst nicht beizukommen ist, sondern allein mit den besseren Geschichten über ihn.

»Barley berichtet seine Geschichten aus Asien und Afrika nicht bloß als lustige Schnurren, er meint sie schon auch als moralische Erzählung.«
Willi Winkler / Süddeutsche Zeitung

Klett-Cotta

Martin Malia:
Vollstreckter Wahn
Rußland 1917–1991

Aus dem Amerikanischen von Susanne Lüdemann und Ute Spengler
645 Seiten, gebunden, ISBN 3-608-91652-0

Malia erzählt nicht nur 74 Jahre Sowjetgeschichte, sondern versucht, die Gesetzmäßigkeiten ihres Verlaufs zu erkennen.

Sowjetrußland hätte die Welt nicht fasziniert, wäre es nur ein rückständiges Land auf dem Weg in die Moderne gewesen. Wenn westliche Beobachter das sowjetische Experiment kommentierten, machten sie indirekt auch immer die eigene Gesellschaft zum Thema. Denn die Utopie, der die Oktoberrevolution zur Macht verhalf, war ein gemeinsames geistiges Eigentum der modernen Welt, und das Experiment wurde nicht nur für Rußland, sondern im Namen der Menschheit durchgeführt.

»Was in Rußland seit 1917 sich vollzog, und 1991 zu Ende ging, in einem Debakel, das, strukturell gesehen, der ›militärischen Niederlage in einem totalen Krieg‹ entsprach – diese Sozialismusgeschichte beschreibt Malia als radikale Konsequenz der zur Macht gelangten prometheischen Utopie.«
Die Zeit

Klett-Cotta